Joachim Fritzsche/Hubert Ivo
Thomas Kopfermann/Rainer Siegle

PROJEKTE
IM DEUTSCHUNTERRICHT

Ernst Klett Schulbuchverlag
Stuttgart Düsseldorf Berlin Leipzig

Deutsch im Gespräch

1. Auflage   1 5 4 3 2 1 1996 95 94 93 92
Die letzte Zahl bezeichnet das Jahr dieses Druckes.
© Ernst Klett Schulbuchverlag GmbH, Stuttgart 1992.
Alle Rechte vorbehalten.
Satz: Steffen Hahn FotoSatzEtc., Kornwestheim
Druck: Gutmann, Heilbronn
ISBN 3-12-311230-6

Inhaltsverzeichnis

Joachim Fritzsche

Dokumentation von Projekten

Erster Teil: Überblick über die Einsendungen

Als der Klett-Verlag 1990 einen Wettbewerb zum Thema ‚Projekte im Deutschunterricht' ausschrieb, legte er nicht fest, was damit gemeint sei, sondern überließ es den Teilnehmern, sich einen Reim auf ‚Projekte' zu machen. So kam zutage, wie unterschiedlich der Begriff im Schulalltag verwendet wird. Einigkeit besteht fast nur darin, daß ein Projekt mehr ist als der Unterricht einer Schulstunde. Aber sobald man eine komplette Unterrichtseinheit ins Auge faßt, gerät man in Abgrenzungsnot: Worin unterscheidet sie sich von einem legitimen Projekt? Schnell kann man einige typische Merkmale von Projekten aufzählen – Abbau der Lehrerdominanz und selbstbestimmtes Lernen der Schüler, fächerübergreifendes Arbeiten, Produktorientierung und deshalb außer Lernzielen auch Handlungsziele, Bedeutung sozialen Lernens, gesellschaftliche Relevanz des Themas, Aufheben des 45-Minuten-Unterrichtstakts, Öffnung der Schule nach außen und anderes mehr. Aber gibt es all das nicht wenigstens hier und da auch im normalen Unterricht, sofern er vernünftig organisiert und durchgeführt wird? Tatsächlich machen die eingesandten Arbeiten deutlich, daß die Grenzen zwischen dem, was zum ‚Projekt' deklariert wird, und einer landläufigen ‚Unterrichtseinheit' fließend sind. Das kann zunächst einmal ermutigen: ‚Projekte' sind nichts völlig Außergewöhnliches, das vom Schulalltag aus nur fern am Horizont zu sehen ist. Es gibt unterschiedliche Schwierigkeitsstufen, unterschiedliche Grade der Annäherung an das Projektideal. Über manches, was als „Projekt" beschrieben wurde, könnten auf Reinheit bedachte Verfechter des Projektunterrichts die Nase rümpfen, und bisweilen ist man versucht, statt von „Projekten" von „bloßer Projektorientierung oder von projektartigem Unterricht" zu sprechen. „Projekte *im* Deutschunterricht" – das sieht von vornherein nach einem Widerspruch in sich aus, sofern man die Interdisziplinarität für ein Charakteristikum des Projektgedankens ansieht.
Die folgende Darstellung geht nicht von einem Ideal des Projektunterrichts aus, sondern hält sich zunächst einmal an das Vorverständnis, das den Einsendungen zugrunde liegt. Das heißt allerdings nicht, daß bei der Frage nach Vorzügen und Problemen der einzelnen Projekte unberücksichtigt bliebe, ob die Schüler bei der Wahl des Themas und der Durchführung des Unterrichts mitbestimmen konnten, welche Rolle das soziale Lernen spielte, ob fachübergreifend gearbeitet wurde, ob der Unterricht aus dem Klassenzimmer herausging und die Schüler ein vorzeigbares Produkt erarbeiteten. Keines dieser Kriterien allein reicht aus, um einem Projekt zum Erfolg zu

verhelfen; allenfalls könnte man Projekte danach charakterisieren, welches Moment besonders ausgeprägt ist: Da gibt es die vor allem auf präsentable, öffentlichkeitswirksame Produkte hin angelegten Projekte, dann die Projekte, die Wert auf Interdisziplinarität legen, dann Projekte, bei denen das soziale Lernen oder das Wahrnehmen von Subjektivität im Vordergrund steht, schließlich Projekte, die in besonderem Maße das Bewußtsein für gesellschaftlich relevante Probleme schärfen wollen. Diese Unterschiedlichkeit macht es nötig, an einer größeren Zahl von Beispielen zu zeigen, wie die vage Vorstellung von dem, was ein Projekt im Deutschunterricht sein könnte, jeweils in die Tat umgesetzt wurde, welche Schwierigkeiten es dabei gab und welche Erfolge schließlich verbucht werden konnten.

Aber wie kann man Projekte überhaupt dokumentieren und damit den Kollegen zugänglich machen? Jeder, der sich am Wettbewerb beteiligte, hat dieses Problem auf seine Weise gelöst. Man kann den Verlauf erzählen, man kann die einzelnen Faktoren beschreiben, man kann sich auf die Inhalte konzentrieren oder über die Reaktionen und das Engagement der Schüler berichten, man kann die Ergebnisse wiedergeben, man kann zusammenfassen oder Einzelheiten berichten, man kann den Unterricht mit all seinen Schwierigkeiten vorstellen oder ihn sanft verklären, man kann sich um objektive Wiedergabe des Faktischen bemühen oder die persönliche Wahrnehmung akzentuieren, man kann nüchtern und systematisch schreiben oder unterhaltsam, ja spannend – die Möglichkeiten sind unbegrenzt. Eine Dokumentation kann diese unterschiedlichen Darstellungsweisen nur dadurch dem Leser vermitteln, daß die Beiträge wortgetreu wiedergegeben werden. Dies konsequent durchzuführen hätte aber selbst bei der Auswahl nur weniger Beispiele einen wesentlich größeren Umfang nötig gemacht, denn die wenigsten Beiträge beschränkten sich auf die erbetenen zehn Seiten – von Materialanhängen ganz zu schweigen. Um dennoch die Darstellungsweise der Autoren erkennen zu lassen, werden sie zwar zum größeren Teil wortwörtlich, wenn auch bisweilen mit Auslassungen („[. . .]"), wiedergegeben; im übrigen aber werden sie dann zusammengefaßt; auf den Abdruck von Schülertexten, die ja eigentlich als Ergebnis der Projekte wesentlich sind, mußte aus Platzgründen ebenso verzichtet werden wie auf anderes mitgeliefertes Material.

Die Wettbewerbsausschreibung führte zu 81 Einsendungen. Eine Übersicht zeigt die Verteilung nach Schularten und Bundesländern:

Schulart:

Gymnasium:	37 (davon über die Hälfte aus der Oberstufe)
Gesamtschule (mit POS/EOS):	21 (davon 19 aus der Sek I)
Hauptschule:	10
Realschule:	6
Grundschule:	5
Sonderschule:	2

Überraschen könnte die große Zahl der Projekte, die von Gymnasien kommen; denn deren Fachunterricht ist dem fachübergreifenden Projektgedanken nicht günstig. Allerdings werden an Gymnasien oft spezielle ‚Projektwochen' durchgeführt. Im übrigen gibt die Zahl der Einsendungen natürlich keinen Aufschluß über die Zahl der tatsächlich in den einzelnen Schularten durchgeführten Projekte. So darf man annehmen, daß Gymnasiallehrer eher als Lehrer anderer Schularten bereit sind, ihr Projekt schriftlich auszuarbeiten und einzusenden; dies mag noch verstärkt für die wahrscheinlich zwar seltenen, dafür aber relativ aufwendigen, in Kursen der Oberstufe durchgeführten Projekte gelten. Möglicherweise haben auch vergleichsweise mehr Gymnasiallehrer von dem Wettbewerb erfahren.

Bundesland:

Neue Bundesländer:	16
Baden-Württemberg:	15
Nordrhein-Westfalen:	14
Hessen:	9
Niedersachsen:	6
Bayern:	5
Bremen:	4
Ausland:	4
Schleswig-Holstein:	2
Saarland:	2
Rheinland-Pfalz:	1
Hamburg:	1
Berlin:	1

Zwar ist das Gebiet der ehemaligen DDR recht groß, aber dennoch fällt die hohe Zahl der Einsendungen aus den neuen Bundesländern auf. Allerdings zeigten die Begleitschreiben, daß dort noch die größte Unsicherheit darüber besteht, was denn unter einem „Projekt" zu verstehen ist. – Die Zahl von NRW dürfte eine Folge der Größe dieses Bundeslandes sein, die Zahl von Baden-Württemberg könnte damit zusammenhängen, daß der Wettbewerb hier vielleicht bekannter als in anderen Bundesländern war.
Interessanter als diese statistischen Daten sind die Themen und Inhalte der vorgestellten Projekte. Sie sind allerdings auch viel schwerer zusammenzufassen. Zwar kann man feststellen, daß der Bereich ‚Sprache' als Thema von Projekten deutlich seltener auftaucht als der Bereich ‚Literatur' (was Wunder!); aber darüber hinaus sind alle Abgrenzungen und Einteilungen problematisch. Die Produktorientierung sorgt dafür, daß in vielen Projekten geschrieben und Geschriebenes veröffentlicht wird. Soll man die Herstellung einer Zeitung unter ‚Medien' rubrizieren und in dieselbe Rubrik dann auch die Produktion eines Hörspiels einreihen? Wenn ältere Schüler für jüngere ein Lesebuch machen – gehört das zu ‚Literatur', zu ‚Medien', zu ‚Schreiben'? Unsere übliche Lernbereichseinteilung versagt hier verständlicherweise. In Projekten wird gelesen, um zu schreiben, wird geschrieben,

um aufzuführen, wird aufgeführt, um zu filmen. Auch macht sich bemerkbar, daß Projekte eben nicht an ein Fach, sondern an ein Thema gebunden sind. Sprache und Literatur stehen in vielen Fällen nicht im Vordergund, sondern der Deutschunterricht ist nur betroffen, weil recherchiert wird, wozu Interviews und Briefe gehören, und weil dokumentiert wird, wozu Texteverfassen nötig ist. Die Wettbewerbsausschreibung sprach konsequenterweise von Projekten, die „im Deutschunterricht durchgeführt wurden oder sich aus dem Deutschunterricht heraus entwickelten". Und die eingesandten Projekte zeigen: Zum Deutschunterricht gehört viel. Was gehört denn nicht zu ihm? Welches Projekt könnte nicht aus ihm ‚hervorgehen'? Das Thema ‚Rauchen' gehört dazu, wenn darüber ein Theaterstück gemacht wird. ‚Sexualität' taucht auf, weil das Darübersprechen zum Thema wird. Demonstrationen gegen ein Atomkraftwerk werden zum Gegenstand eines Projekts im Deutschunterricht, wenn die Berichterstattung darüber kritisch unter die Lupe genommen wird. Kein Sachthema, ob ‚Wohnen' oder ‚Alte Menschen', ob ‚Wasser' oder ‚Mäuse' ist offenbar dem Deutschunterricht und den aus ihm hervorgegangenen Projekten fremd, weil immer Texte gelesen und geschrieben werden. Und da oft genug auch szenisch gespielt und bisweilen mit Videokamera gefilmt wird, kann man solche Projekte mehrfach einordnen. Mit all diesen Einschränkungen und Vorbehalten läßt sich nun aber doch feststellen, daß in den meisten Projekten bestimmte Bereiche des Deutschunterrichts im Vordergrund standen:

Literatur: 26
Schreiben: 17, davon 12 ‚Kreatives Schreiben'
Medien: 7
Sprache: 3

Auffällig ist die große Zahl der Projekte, die dem Bereich ‚Kreatives Schreiben' zuzurechnen sind, also dem Schreiben eigener literarischer Texte – mit und ohne Vorlage. Ein Modethema? Vielleicht. Aber darin drückt sich auch ein Charakteristikum der Projektarbeit aus, nämlich daß dabei die Schüler als Subjekte stärker involviert sind und stärker hervortreten als im üblichen Unterricht. Da die Schüler bei Projekten mehr gemeinsam arbeiten, lernen sie einander besser kennen, und dieses Wahrnehmen der anderen und schließlich auch der eigenen Subjektivität wird verstärkt beim Verfassen und anschließenden Lesen poetischer und phantasiegeleiteter Texte.
Mehrere Projekte zeigen, daß neben dieser subjektiven Bedeutsamkeit auch die gesellschaftliche Relevanz sowohl der Themen als auch der Form der Erarbeitung Beachtung findet, wenn auch nicht mehr in dem Maße, in dem dies in den 70er Jahren der Fall war, als der Projektgedanke bei uns wiederentdeckt wurde. Zu nennen ist hier an erster Stelle die Umweltthematik, aber auch Projekte zum Neonazismus, zum Miteinander von alten und jungen Menschen, zum Umgang mit Medien und zur eigenen Lebensplanung sind dazuzurechnen.
Mehrfach behandeln Projekte einzelne Autoren, und zwar oft verbunden

mit ‚Spurensuche' in einer Region. Wiederum etwas Modisches? Tatsächlich wird auch damit der Versuch gemacht, einen persönlicheren Zugang zu einem Thema zu finden, also der subjektiven Seite des Bildungsvorgangs mehr Gewicht zu geben. Exemplarisch ist dies beim Projekt ‚Thomas Mann in Italien'; aber in dieselbe Richtung geht auch, wenn die Schüler einen an ihrem Ort wohnhaften Autor aufsuchen oder sich eines Autors erinnern, der in ihrer Heimat gelebt und über sie geschrieben hat. Aber auch das Umgekehrte ist möglich: das Überwinden der Fremdheit, indem Autoren mit ihren Werken als lebendige Menschen vergegenwärtigt werden: ‚Literatur zum Anfassen'.

Vielleicht sollte man Projekte gar nicht nach Themen ordnen, sondern danach, wie es zu ihnen kommt und wie an sie herangegangen wird? Projekt‚typen'? Da gäbe es dann die eher von den Schülern vorgeschlagenen Projekte, dann die, die sich aus dem Unterricht ergeben, und schließlich die, die vom Lehrer (vor allem bei der ‚Projektwoche') aufs Tapet gebracht werden. Aber die Grenzen sind fließend, und manche Projektbeschreibung macht deutlich, daß die Schüler sich das ursprünglich ihnen ‚vorgesetzte' Projekt so zu eigen machen können, daß die Unterscheidung nicht mehr greift. Umgekehrt fragt es sich, inwiefern man von einem Projekt sprechen kann, wenn sich eine Klasse in Gruppen aufteilt, von denen jede sich irgendein beliebiges Thema vornimmt und dazu einige Stunden lang – vielleicht durchaus produktorientiert – arbeitet. Und schließlich gibt es ‚Projekte', die bloßes Mittel zum Zweck sind: Das vorgeschriebene Lernpensum wird so verpackt, daß die Schüler sich in der Illusion wiegen, es ginge um ein Handlungsziel, in Wahrheit aber geht es um Verbesserung der Lese- oder Rechtschreibfähigkeit, um Aneignung grammatischer Kenntnisse, um das Trainieren der Textsorte ‚Rezension' oder andere spezielle Fachinhalte.

Da freilich Projekte im allgemeinen nicht nach Plan und schon gar nicht nach Lehrplan verlaufen, gleiten sie zuletzt doch durch die Maschen aller Ordnungsnetze. Das Individuelle an jedem Projekt ist interessanter als das Generelle. Sowohl die Wahl des Themas als auch die Art der Durchführung hängen so sehr von den besonderen Umständen ab, daß es nötig ist, einzelne Projekte im Detail vorzustellen. Natürlich sollen durch solche Vorstellung auch Nachahmung, Übertragung und eigene Erfindung angeregt werden: Indem man sieht, wie es andere gemacht haben, kommt man selbst auf Ideen. Und wenn man sieht, wo andere Schwierigkeiten gehabt haben, kann man sich vorab wappnen, um nicht selbst in die Bredouille zu geraten. Aber man darf sich nichts vormachen: ‚Nachahmung' und ‚Übertragung' sind bei Projekten viel schwieriger als bei Lehrbucheinheiten. Die Kenntnis von Projekten, die andere durchgeführt haben, kann nur das Bewußtsein schärfen für die eigene Wirklichkeit und die in ihr enthaltenen Möglichkeiten. Projektarbeit hat es mit individuellen Menschen zu tun, mit ihren spezifischen, unvergleichlichen Erfahrungen, mit ihrer jeweiligen, nicht verallgemeinerbaren Wirklichkeitswahrnehmung. Dies ist in jedem einzelnen Projektbericht spürbar.

Die im folgenden vorgestellten Projekte wurden nicht einfach nach dem Gesichtspunkt der Qualität ausgewählt, d. h., es handelt sich nicht immer und nicht notwendigerweise um die Projekte, die die Jury am meisten beeindruckt haben. Ausgewählt wurden – unter Berücksichtigung unterschiedlicher Schularten und Schulstufen – vielmehr auch solche, die besonders interessant sind im Hinblick auf Problematisches, auf Fallstricke und Schlaglöcher oder die für einzelne Probleme originelle Lösungen bieten. Der Hilfe beim Erkennen solcher Gefahren und solcher Problembewältigung dienen die Analysen (s. Kopfermann/Siegle ‚Durchführung von Projekten‘).

Zweiter Teil: Dokumentation von Einsendungen

1 Gottfried Eßer, Krefeld: Sprache & Sexualiät – Liebe & Partnerschaft (16)[1]

1.1 Schule und Klasse: Hauptschule, 10. Klasse

Es handelt sich um eine katholische Schule in Krefeld. „Der Klassenlehrer, meistens der Deutschlehrer, unterrichtet in seiner Klasse etwa 10 bis 15 Stunden und führt sie in der Regel vom 5. bis 9. Schuljahr." Die 10. Klasse wurde aus drei 9. Klassen neu zusammengesetzt und besteht z. T. aus Schülern, die sich auf die Fachoberschulreife vorbereiten. Von den 14 Jungen und 7 Mädchen sehnen die meisten das Ende ihrer Schulzeit herbei.

1.2 Entstehen und Planung des Projekts

„Der Grundstein für die Arbeit wurde ein gemeinsam erstellter projektorientierter Jahresplan. Die Struktur der Planung wurde von der Frage: ‚Was erscheint mir (noch) notwendig?‘ her erarbeitet; den Schülerinnen und Schülern fielen vorerst nur Inhalte und Fertigkeiten ein, die ihnen keinen Spaß machten, ihnen aber dennoch bedrohlich notwendig erschienen. Die Vorstellung, ihnen könnte irgend etwas Spaß machen, was mit Schule zu tun hätte, gewann erst nach und nach an Konturen.
Die Inhalte wurden von den Schülern vorgeschlagen; Arbeitsgruppen untersuchten verschiedene Lese- und Sprachbücher auf ansprechende Themen; meine Ergänzungsvorschläge wurden diskutiert und teilweise verworfen.

---

(1) S. Auflistung aller Preisausschreibenbeiträge auf S. 129 ff..

9

Zum Schluß überprüfte ich den ausgearbeiteten Vorschlag, ob er innerhalb der Richtlinien zu vertreten war. Dann stimmte die Klasse ab. Der Plan wurde mit breiter Mehrheit angenommen und als Jahresprogramm auf einem Plakat visualisiert."

Wie kam es nun zum Thema dieses Projekts?
„Die Erprobung zwischenmenschlicher Kontakte mit sexuell/erotischer Tönung hat für die Schüler/innen dieses Alters einen hohen Stellenwert. Während der gemeinsamen Jahresplanung wurde deutlich, daß sie dabei das Fehlen einer von ihnen selber als adäquat empfundenen Sprache als Notsituation erleben. Ziel des Projekts war es, die Schüler/innen eine zufriedenstellende Lösung für ihr Problem ‚Sprache und Sexualität' erarbeiten zu lassen, wobei eine intensive Sprachreflexion den einen, das Sprechen über Gefühle den zweiten Schwerpunkt darstellte."

Wie wurde das Projekt geplant?
„Da im Oktober/November ein Betriebspraktikum stattfand, wurde zunächst eine projektorientierte Unterrichtseinheit zum Thema ‚Arbeitswelt' durchgeführt. Danach planten und beschäftigten sich die Schüler/innen mit dem hier dargestellten Projekt. Die Einbeziehung des Begriffs ‚Sprache' im Titel des Projekts wurde vorgeschlagen, als in einem Brainstorming zu den bisher vorgeschlagenen Begriffen ‚Sexualität', ‚Partnerschaft', ‚Liebe' 17mal die Wörter ‚sprechen' bzw. ‚Sprache' auftauchten.
Fünf Planungsgruppen legten eine grobe Rasterung nach Themen vor. Eine Feinplanung scheiterte am Widerstand der einzelnen Gruppen: Wir hatten zu Beginn des Jahres schon so viel geplant – jetzt wollte man an den Themen inhaltlich arbeiten. Wir gingen also von dem Grobraster aus. [. . .] Die Gruppe suchte sich selber ihren Weg durch das vorliegende Themenangebot und beratschlagte das weitere Vorgehen erst dann, als es notwendig wurde. Inwieweit dieses Vorgehen nachahmenswert ist, mag dahingestellt bleiben. Aber schwankend zwischen Arbeitseifer und Planungsmüdigkeit war die Klasse in einer Situation, in der ich das erste riskiert hätte, um das zweite zu beheben.
Projektarbeit ist fächerübergreifend. Eine fruchtbare Kooperation mit den Fächern Religion und Biologie kam aber selten zustande, obwohl sie abgesprochen worden war. Wir führen das auf zwei Umstände zurück: Zum einen ist für beide Fächer der Themenbereich Sexualität–Fortpflanzung–Verhütung – Sexualmoral ein Dauerbrenner, den die Schüler/innen eigentlich bis zur Sättigung kennen; die Defizite liegen eher in der Verknüpfung biologischer Fakten und Emotionen, von Sexualität und eigener Persönlichkeit. Zum anderen hatte sich im 10. Schuljahr das Team durch Versetzung einiger Kollegen entscheidend geändert. Die Jahresplanung war weitgehend in meinen Stunden durchgeführt worden, und so wollte die Klasse ihre Arbeit möglicherweise nicht auf anderen Unterricht ausdehnen."

1.3 Durchführung: Vier Phasen
1.3.1 Die Untersuchung von Heirats- und Partnerschaftsanzeigen

„Der Einstieg ins Projekt sollte ursprünglich direkt über eine Sprachuntersuchung erfolgen; in den Vorbesprechungen war deutlich geworden, daß die Wortwahl beim Sprechen über Sexualität ein besonderes Problem darstellte. Kurzfristig zog die Klasse dann doch den Zugang zum Thema über die Heiratsanzeige vor; vermutlich hatten die Schüler/innen Angst vor der eigenen Courage bekommen und wollten zunächst ein weniger verfängliches Thema bearbeiten.
Die Gruppen besorgten eine Fülle von Heiratsannoncen aus verschiedenen Zeitungen und Zeitschriften und erarbeiteten Kriterien, um das Material zu strukturieren." [. . .]
Natürlich reizten einige der Anzeigen zum Parodieren, und so kam es – gar nicht geplant – zu ersten Schülertexten.
„Der anschließende Versuch, ernst gemeinte Freundschaftsanzeigen zu entwerfen, schlug fehl. Es entstanden nur nichtssagende oder flapsige Texte, die sich kaum von den untersuchten Kontaktanzeigen unterschieden. Dieser ‚Fehlschlag‘ verunsicherte die Gruppe erheblich, und erst, als im Gespräch deutlich wurde, daß diese Anzeigen einen Ersatz für persönliche Kontaktaufnahme darstellen, begann eine neue, aktive Phase. Das persönliche Reden über Liebe, Partnerschaft und Sexualität trat in den Vordergrund des Interesses, und die Einschätzung war einmütig: Uns fehlen häufig die Worte (Wörter), um das auszudrücken, was wir meinen oder empfinden."

1.3.2 Lesephase: Literarische Texte

In dieser Situation wurden den Schülern/Schülerinnen drei literarische Texte vorgelegt: Zunächst ein Abschnitt aus Franz Fühmanns ‚Die dampfenden Hälse der Pferde im Turm von Babel‘, in dem es um genau das von den Schülern benannte Problem geht, nämlich die Fähigkeit, über Sexuelles zu reden: „Sexualerziehung fängt ja damit an, daß man über diese menschlichen Dinge menschlich, also weder verklemmt noch mit dreckigem Grinsen zu sprechen beginnt. Dazu aber braucht man geeignete Wörter, und damit habt ihr schon das Problem." – Es folgte die Lektüre einer türkischen Hirtenerzählung, die ein Plädoyer für Diskretion bei der Beschreibung der Intimsphäre enthält. Nachdem die Vorbereitungen einer Hochzeitsnacht geschildert worden sind, heißt es da: „Wir aber ziehen einen Vorhang vor, durch den kein auch noch so leichter Lichtschein hindurchdringt, und entfernen uns ehrfurchtsvoll. [. . .] Und so sei denn Schweigen auch für uns das Gebot der Ehrfurcht für die Nächte." – Der dritte gemeinsam gelesene Text (aus den ‚Erzählungen aus 1001 Nacht‘) zeigte, daß Intimes nur in einer intimen Sprache ausgedrückt werden kann, einer Sprache, die möglicherweise nur von den Liebenden verstanden wird.

1.3.3 Wortfeldarbeit

Diese Nische der Privatsprache „wurde als erstes an die Tafel gezeichnet; ihre Öffnung nach beiden Seiten provozierte den Beginn der Wortfeldarbeit, die von der Gruppe auf die Ausdrücke für das männliche Glied, die Scheide und die Brüste der Frau sowie die geschlechtliche Vereinigung begrenzt wurde. So entstand aus dem Wortschatz der Schüler/innen folgendes Gebilde:

nach Sprachebenen strukturiertes Wortfeld

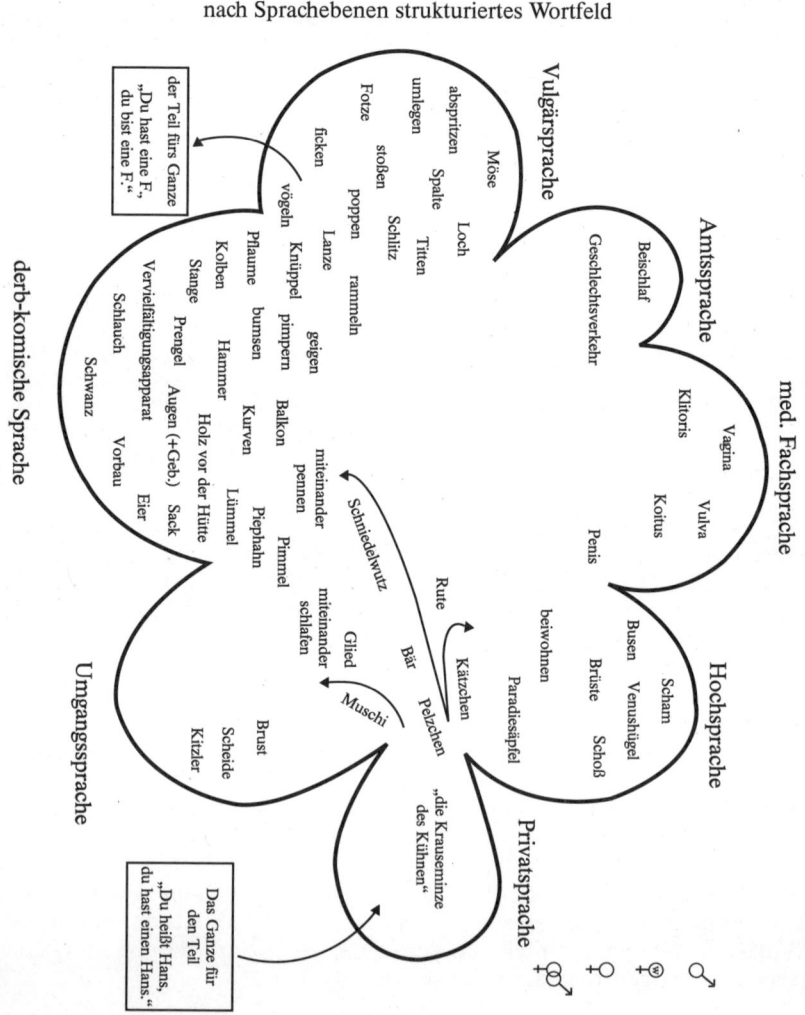

Bevor die einzelnen Projektgruppen auf die Strukturen des Wortfeldes eingingen, machte das Plenum einige interessante Entdeckungen:

Zur quantitativen Verteilung:
- Die Umgangssprache ist relativ arm an Ausdrücken aus dem Sexualbereich.
- Über die Hälfte der Wörter kommt aus der derb-komischen oder Vulgärsprache.

Zur qualitativen Verteilung:
- Wir fanden keine Vulgärausdrücke für das männliche Glied, aber relativ viele für die Scheide.
- Wir fanden auffällig viele derb-komische Ausdrücke für das männliche Glied, aber gerade einen für die Scheide.
- Für die weibliche Brust fanden wir relativ viele derb komische Ausdrücke, aber nur einen in der Vulgärsprache.
- Für das Wort ‚Scheide' dreht sich dieses Verhältnis um.

Zu Bewegungen im Wortfeld:
- Viele Wörter, die eigentlich eher verdeckte Bezeichnungen sind, gehen aus der Privatsprache in andere Sprachbereiche über.

Erste Erklärungsversuche und Theorien arbeiteten die Schüler/innen als Wochenarbeit aus. Dabei fand sich für die folgenden Schlüsse ein Konsens:
- Wenn es so wenig Wörter gibt, die man umgangssprachlich verwenden kann, muß man welche erfinden. Reservoir ist hier die Privatsprache, die sich über Fernsehen und Film, Zeitschriften oder Bücher schnell verbreitet, weil ein Bedarf da ist. Bei den untersuchten Wörtern kamen aus diesem Reservoir allein vier zärtliche Ausdrücke für die Scheide (genauer das Schamhaar), eine sonst unbesetzte Wortnische.
- Offensichtlich wurde in der Öffentlichkeit (Umgangssprache) kaum über Sexualität gesprochen, sonst gäbe es mehr Wörter.

Wenn man bedenkt, daß die Vulgärsprache eher verächtlich und abwertend ist, liegen einige Folgerungen nahe:
- Es gibt vergleichsweise wenig positive Bezeichnungen für die weiblichen Geschlechtsorgane. Es könnte daran liegen, daß Männer es ablehnen, in der Öffentlichkeit über Gefühle zu reden.
- Der Mann scheint viel und positiv vom männlichen Glied zu sprechen (und zu denken), dagegen erheblich weniger und überwiegend verächtlich über die Scheide. Zur weiblichen Brust scheint das Verhältnis weniger problematisch.

Die folgenden Untersuchungen führten Gruppen durch, nachdem sie im Wortmaterial polare Spannungen ausgemacht und sich für die Bearbeitung eines Teilproblems entschieden hatten.

Nach der Geschichte aus 1001 Nacht hatten die Schüler/innen verstanden, daß Entpersönlichung von Sexualität zur Entwürdigung führt. Sie ordneten also die Wörter für das weibliche Sexualorgan in das Spannungsfeld Person-Sache ein. Als pars pro toto, also als pejorative Sachbezeichnung für die ganze Person, führte ‚Fotze' die Rangfolge der Versachlichung an, obwohl die Wörter ‚Loch', ‚Spalte' und ‚Schlitz', die auch von den Mädchen unreflektiert gebraucht wurden, einen stärkeren Sachcharakter haben. Die Einsicht, daß diese Bezeichnungen Vereinigung auf ihre mechanische Funktion reduzieren und damit degradieren, machte betroffen.

Die gleiche Betroffenheit zeigten vor allem die Jungen, als sie feststellten, daß fast die Hälfte der gebräuchlichen Wörter für das männliche Glied massive Gewalt signalisieren. Die Vorstellung, irgend etwas, das mit Zärtlichkeit, Liebe, Zuneigung und Lust zu tun hat, könne mit Hammer, Knüppel oder dergleichen Gerät bewerkstelligt werden, war für alle so grotesk, daß ein grimmig-heiterer Wortbildersturm einsetzte, der an den Sprachklischees heftig rüttelte.

Interessant war, daß die Schüler/innen dem Klang der Wörter (Parameter hart-weich) große Bedeutung beimaßen. Nur so ist zu verstehen, daß z. B. das Wort ‚Möse' plötzlich unerwartet brauchbar wurde; seine möglichen Wurzeln: Moos, Möschen (für kleines Moos) wiesen dem Wort eine Position in der Nähe der Privatsprache zu – möglicherweise lange mißbraucht, möglicherweise durch Verstehen rehabilitiert.

Das gleiche Phänomen ließ sich beobachten, als durch Diminution aus der äußerst negativ besetzten ‚Fotze' ein ‚Fötzchen' wurde; die Verniedlichung und die Klangaufhellung ließen das veränderte Wort deutlich brauchbarer erscheinen.

Dieser Effekt ließ sich bei anderen stark sachorientierten Wörtern nicht erzielen. Bei den gewalttätigen Bezeichnungen des männlichen Geschlechtsorgans half die Verniedlichung ebensowenig: Auch ein Hämmerchen ist nicht dazu geschaffen, Zärtlichkeit zu vermitteln. Im übrigen konterkariert die Verkleinerung die Sucht nach erhöhter Potenz: Ein ‚Hämmerchen' ist lächerlich."

Die Wortfeldarbeit führte in der Klasse zu einer interessanten sprachlichen Entwicklung: „Zuerst waren zweifellos die Jungen die Wortführer: Die Wortsammlung wurde beinahe zum Potenzwettstreit. Es entstand ein ‚Wir-Männer-Gefühl'. Die wenigen Mädchen in der Klasse waren viel zu ‚brav', um sich im Laufe der Wortfelduntersuchung gegen die Jungen und ihre unreflektierte ‚Männersprache' aufzulehnen; aber sie beteiligten sich immer intensiver und erarbeiteten sehr sensible schriftliche Analysen bei den polaren Spannungsfeldern. Sie forderten zwar keine Änderung, zeigten aber so deutlich ihre Betroffenheit und wiesen auf die gewiß unabsichtliche Verletzung ihrer Persönlichkeit hin, daß vielen Jungen ihr unbekümmerter Sprachgebrauch fraglich wurde."

1.3.4 Liebesgedichte: Rezeption und Schreibversuche

„Als die Klasse begann, sich auf die Rezeption von Liebesgedichten und möglicherweise eigene Schreibversuche einzustellen, wurde die Heterogenität der Gruppe besonders deutlich. Viele erwarteten Herz-Schmerz-Romanzen, schön gefühlig und reimselig, schlagernah und kopierbar.

Während der Beschäftigung mit der Sprache der Sexualität hatte sich aber eine wohltuende Ehrlichkeit im Umgang mit Wörtern entwickelt, und auf dieser Basis, nicht auf abgegriffenen und verlogenen Klischees, sollte weitergearbeitet werden. [. . .]

Eine perfekte Irritation solcher Klischees läßt sich mit einem Gedicht von Eugen Gomringer erreichen, wobei die Verwirrung konstruktiv für die Interpretation und die eigene Produktion genutzt wird:

du blau
du rot
du gelb
du schwarz
du weiß
du

Um die Verstörung noch intensiver erlebbar zu machen, verzichtete ich zunächst auf einen Vortrag und gab das Gedicht, auf winzige Zettel kopiert, jedem Schüler, nachdem ich auf unsere Ausgangsposition: Wie schwer ist es, Menschen zu sagen, was sie einem bedeuten, hingewiesen und ein Liebesgedicht angekündigt hatte.

Das Ergebnis war voraussehbar: Der Dichter spinnt, der Lehrer spinnt, das ist Blödsinn und kein Liebesgedicht.

Der folgende Schritt ist Musterbeispiel für eine Technik, die ich ‚verweilendes Lesen‘ nennen möchte. Die Denkpause, die nach Auffüllung verlangt, wird zur schöpferischen Pause, in der vor den geistigen Augen des Lesers/Hörers Bilder entstehen, die er selber, angeregt durch den Text, erschaffen hat und die faszinieren, weil sie Eigenschöpfungen sind. Die Identifikation des geliebten Menschen mit einer Farbe evoziert eine Fülle von Begriffen, die dem Leser kostbar sind und die ihn persönlich berühren. Nach dem dritten Vortrag waren genügend Assoziationen angestoßen; die Schüler/innen erhielten den Auftrag, das Gedicht zu ergänzen.“

Danach wurden die Schüler/innen zu einem ersten eigenständigen Schreibversuch aufgefordert. Er sollte das Warten auf Freundin oder Freund zum Thema haben. Dazu wurden eine Reihe von Schreibvereinbarungen getroffen (Ich-Form, direktes Sagen, Wiederholung als Mittel der Betonung von Wesentlichem, Zeilenbruch, Bildlichkeit). „Ausgangsort für diesen Versuch war ein Brainstorming zum Wort ‚warten‘ und eine Untersuchung des Gedichtanfangs ‚Die Geburt Christi‘ von Gryphius: ‚Nacht, mehr denn lichte Nacht, Nacht, heller als der Tag, Nacht, lichter als die Sonn . . .‘“

Die Schüler/innen schrieben zunächst allein, dann wurden die Texte in der Gruppe besprochen.

Weitere Gedichte, die in dieser Phase als Anstoß dienten, waren ‚Du bist min‘ und von Erich Fried ‚Halten‘, wobei das Gedicht von Fried den Schülern erst vorgelegt wurde, nachdem sie zum Thema ‚Halten‘ Gedichte geschrieben hatten.

1.4 Rückblick auf das Projekt und Bewertung

„Den Erfolg eines Projekts kann man nur an Ablauf und Ergebnissen messen, wobei der Prozeß wichtiger ist als die vorweisbaren Ergebnisse. Umfragen und ähnliche Erhebungen sind von soviel Unwägbarkeiten begleitet, daß sie m. E. ein unbrauchbares Instrument sind, um über Erfolg oder Beurteilung der Arbeit durch die Klasse Aufschluß zu geben. [...] Gerade die Schüler mit großen Sprachdefiziten waren stolz auf ihre Erfolge und muteten sich die Themen, die sie fesselten, auch zu. Diese Erfolge beeinflußten auch das Korrekturverhalten der ganzen Klasse positiv; die Veröffentlichung der Arbeiten anläßlich des Elternsprechtags erhöhte ihr Selbstwertgefühl; auch nach dem Projekt war im Deutschunterricht von Schulmüdigkeit wenig feststellbar. [. . .] Ich fasse zusammen: Auch extrem spracharme Schüler/innen, die kaum in der Lage waren, sich in der Gruppe zu äußern und entweder jeden Kontakt zu Junge oder Mädchen mieden oder aber ihn – auch aus ihrer eigenen Warte – unangemessen aufzunehmen versuchten, öffneten sich und gestatteten Einblicke in sich und geistige Berührungen, die ich nicht für möglich gehalten hätte."

2 Peter Reichartz, Rom: Spurensuche: Thomas Mann in Italien – Ein Buchprojekt (53)

2.1 Schule und Klasse: Gymnasium, 12. Jg. Leistungskurs

Das Projekt wurde an der Deutschen Schule in Rom durchgeführt. Der Kurs bestand aus 10 Schülerinnen und Schülern: zwei originär deutschsprachige, zwei mit rein italienischer Herkunft und sechs aus bilingualen Familien. „Ausgeprägt war ein tiefes und ausdauerndes Interesse an Literatur aller Gattungsformen. Ein Grund dafür lag wohl in ihrer zumeist bildungsbürgerlichen Herkunft."

2.2 Entstehung und Begründung des Projekts

„Ein literarisches Projekt entsteht wohl nie aus kühl kalkulierten Gründen mit bereits am Beginn klar formulierten Zielen und Arbeitsmethoden. Dagegen sträubt sich schon der notwendig offene Charakter eines solchen Projekts, das immer aus einer Mischung von unabsehbarem Engagement, Spontaneität, Wagnis und Lernzielbewußtheit erwächst. Aber natürlich war die Projektform und die Wahl des Themas auch nicht zufällig. Im nachhinein lassen sich für das Buchprojekt ‚Spurensuche: Thomas Mann in Italien' drei verschiedene Gründe benennen.

Erstens: In einer deutschen Auslandsschule in Italien, die auch von Schülerinnen und Schülern des Gastlandes besucht wird, ist ihr Selbstverständnis, ‚Begegnungsschule' zu sein, mit einem bildungspolitischen und curricularen Anspruch verbunden, der bis in die Themenwahl des Deutschunterrichts hineinreichen sollte. [. . .] Dieser deutsch-italienische Bildungsgedanke war zunächst Motiv für die Besprechung von Thomas Manns Erzählung ‚Der Tod in Venedig', die dem Buch-Projekt voranging. Und hier wurde – unbeabsichtigt – der erste Grundstein für unser Buchprojekt gelegt: Die Schüler zeigten ein ausdrückliches und primäres Interesse an Werk und Person von Thomas Mann. Die Sprache, der ironische Ton, die kunstvolle Entwicklung der Motive, das mythische Tiefland, das gerade hier in Rom so allgegenwärtig ist, faszinierten deutsche wie italienische Schüler gleichermaßen. Hinzu kam, daß die Schüler die ambivalente Italienliebe Thomas Manns aus nächster Nähe nachverfolgen konnten. Von 1895 bis 1898 hatte der junge deutsche Dichter hier in Rom und Umgebung mit seinem Bruder Heinrich Mann gelebt. [. . .] Ein deutscher junger Dichter war damit den Schülern literarisch und biographisch in nächste Nähe gerückt. Eine Spurensuche nach der Bedeutung des Italienischen besonders in den frühen Werken Thomas Manns, eine Spurensuche auch an den Aufenthaltsorten unseres Dichters: damit waren sie als lesende und erkundende Subjekte möglicherweise besonders betroffen.

Zweitens: Der gleich zu Beginn gefundene Titel unseres Projekts ‚Spurensuche: Thomas Mann in Italien' erwies sich als mehr als nur ein Arbeitstitel. Von ihm ging eine geheime, magische Aufforderung aus, noch versunkene literarische oder biographische Erkenntnisse wie unbekannte Schätze zu heben. Aus diesem Grunde mußte und sollte der Schulunterricht ‚gesprengt' werden. Nur so konnte auch die Motivation der Schüler, über 5–6 Monate mit Unterbrechungen an einem Projekt zu arbeiten, stabilisiert werden.
Die Spuren unseres Dichters zu verfolgen hieß – beim Wort genommen – auch, die Schule verlassen. Aufbrechen. Reisen. Den Dichter dort besuchen, wo er sich in Italien aufgehalten hatte. Das versprach einen Literaturunterricht in einer neuen Arbeits- und Erlebnisform. Also, raus aus der Schule und literarische Stadtindianer spielen. Dort, wo unser junger Dichter gewohnt hatte: in Rom, Neapel, Palestrina, Venedig. Immer waren es Städte, die besondere Grenzerfahrungen versprachen, wo sich Gegenwart und antike Vergangenheit begegnen, wo feinste Kultur und ungebrochene Lebensfülle, wo das Orientalische sich mit dem Mediterranen vermischt, wo das Land das Meer berührt. Spezifisch italienische Grenzerfahrungen, die sich ablagern in den Werken des jungen Thomas Mann. Es galt ihm nachzufahren, aus der Perspektive des lesenden Voyeurs und aus der Erlebniswelt eigener Italienliebe. In Tagebuchblättern und Notizen etwas vom Geiste seines Aufenthaltes unmittelbar zu spüren, vielleicht gar festzuhalten. Das war eine Arbeits- und Erlebnisform im Umgang mit Literatur und Dichterperson, die Betroffenheit und vermehrt Schreibimpulse auslösen konnte. Kulturelle und literarische Ortsbesichtigung im Spiegel der persönlichen Wahrnehmung.

Drittens: Der dritte und letzte Grund für ein Buchprojekt mit Schülern, das Person und Werk des jungen Thomas Mann in den Mittelpunkt stellt, verbindet deren subjektive Betroffenheit mit einem besonderen literaturdidaktischen Ansatz. Mit diesem Buchprojekt sollte eine andere Art Literaturunterricht versucht werden, die unkonventionelle, kreative und subjektbezogene Verfahren mit Dichterperson und Werk forderte.

Nicht nur unter den bundesrepublikanischen Literaturdidaktikern ist der Alleinvertretungsanspruch von Textanalyse und Interpretation als der Königsweg im Umgang mit Literatur in Frage gestellt. Die Unterrichtspraxis selbst zeigt im Sach- und Wiederholungszwang des Frage- und Antwortspiels zwischen Schülern und Lehrer allzuoft das Ungenügen des analytischen Lern- und Lehrweges: veräußerlichtes Pflichtinteresse oder gar ernstzunehmende Abwehr seitens der Schüler, die ihr eigenes, subjektives Leseerlebnis nicht immer einer methodisch kontrollierten Sezierpraxis aussetzen wollen. So sieht sich dieser analytisch vorgehende Literaturunterricht häufig genug in die Situation gedrängt, die uns in einem abgewandelten Bilde von Jean Paul bekannt sein dürfte: Nach und nach haben wir die Schmetterlingsflügel der Poesie von ihrem farbigen und schillernden Staube befreit, und am Ende hält ein jeder einen grauen Nachtfalter zurück.

Ein Buch machen! Das war eine neue Zauberformel, die Engagement, neue Aufgeschlossenheit und neue Schreiblust freimachte. Mit diesem Buchprojekt konnte ein produktionsorientierter, kreativer Umgang mit Dichter und Dichtung versucht werden, der ich-haltige und engagierte Auseinandersetzung mit Werk und Person eines weltberühmten Erzählers ermöglichte. Thema und Textart sollten von den Schülern selbständig gewählt werden."

2.3 Planung und Verlauf des Projekts

„Die Spontaneität, mit der sich das Projekt ankündigte, machte gleich zu Beginn eine offene Planung notwendig, bei der die einzelnen Arbeitsschritte nicht klar vorzuzeichnen waren. Lediglich das Ziel, in einem Buch den literarischen und biographischen Spuren Thomas Manns zu folgen, stand zu Beginn fest; ebenso die Absicht, eine möglichst subjektive Auseinandersetzung zu ermöglichen; ebenso waren die Reisen an die Dichterorte unabdingbar. Natürlich gab die Logik einer solchen Unternehmung auf, zunächst eine Bestandsaufnahme der Materialien und Fakten vorzunehmen, dann erst Arbeitsperspektiven zu entwickeln. Unterschiedliche wie notwendige Phasen des Projektverlaufs lassen sich aber nur während der Projektarbeit ausmachen, da bei jeder Etappe entschieden werden mußte, welche weiteren Wege einzuschlagen waren.

Die Einstiegsphase bestand zunächst einmal darin, das ungefähre Ziel unseres Projekts zu formulieren; dazu wurde der motivierende wie auffordernde Titel gefunden. Zudem mußten verschiedene interessante Themen entwickelt werden; es lag nahe, dazu in Einzelarbeit die Briefe, biographischen Schriften und frühen Erzählungen Thomas Manns auf wiederkehrende Motive und Themen zu untersuchen, die mit Italien zusammmenhängen. Gleichzeitig wurden alle auffindbaren Aufenthaltsorte unseres Dichters in Italien in einer Synopse festgehalten. Damit war ein grobes, aber notwendiges literarisch-biographisches Koordinatensystem für die Schüler bereits gegeben.

In der anschließenden *Phase* mußten die *Arbeitsperspektiven* konkretisiert werden. Verschiedene Arbeitsfragen und vorläufige Arbeitstitel wurden festgelegt und auf verschiedene Zweiergruppen verteilt: das reichte von solch profanen Fragen nach des jungen Thomas Manns finanzieller Lage und Ausgaben bis hin zu seinen ambivalenten Beschreibungen der Menschen und Landschaft Italiens.

Die weitere *Materialsammlung* konnte in der dritten *Phase* nun gezielter erfolgen. Die Schüler gingen auf die Suche nach ungeborgenen Schätzen in die Bibliothek der Schule und des Goethe-Institutes, in die Biblioteca Nazionale und in das Thomas-Mann-Archiv in Zürich. Telefongespräche und Kontakte mit deutschen und italienischen Professoren und ein ‚unheimliches' Interview mit dem Thomas-Mann-Kenner und Literaturkritiker Marcel Reich-Ranicki im mannianischen Palestrina kamen hinzu. Dort waren die Schüler Teilnehmer an einem 4tägigen Symposion über ‚Heinrich und Thomas Mann in Palestrina', das mit einer Ausstellung verbunden war.

Wie aus heiterem Himmel taucht im Kurs ein bislang unveröffentlichter Brief von Thomas Mann auf, an den Großvater einer Oberstufenschülerin der Deutschen Schule Rom geschrieben. Das erste Fundstück wird wie eine Trophäe rundgereicht, und die fast unlesbaren gotischen Schriftzeichen Thomas Manns werden gemeinsam in lateinische Buchstaben transkribiert.

Vierte *Phase: Arbeitsergebnisse*. Wie Archäologen gruben sich die Schüler durch Literaturberge, durch monumentale Biographien und Artikelhügel: eine unaufhaltsame Annäherung an den Dichter Thomas Mann. Die Wünschelrute, der die Schüler beim Lesen folgten, war ‚Italien'.

Zur allgemeinen Information trugen sie Kurzreferate mit wissenswerten Zwischenergebnissen vor. Erst dann wurden die Arbeitstitel präzisiert und das Material zur weiteren Bearbeitung auf einzelne oder Zweiergruppen verteilt.

Während der *dritten* und *vierten Phase* des Projekts wurden die *Reisen* zu den vier ausgewählten italienischen Aufenthaltsorten Thomas Manns unternommen: an mehreren Nachmittagen werden die Wege und Orte Thomas Manns in Rom verfolgt, dann folgen Tagesreisen nach Palestrina und Neapel, am Ende ein 3-Tages-Aufenthalt in Venedig. Der stetige Arbeitsauftrag an die Schüler lautete, ihre Ergebnisse und Erfahrungen in Tagebuchblättern, Notizen und in Fotografien festzuhalten.

Nach den Mühen der Berge nun die Mühen der Ebenen: die *Schreibphase*. In selbstgewählten Textformen schreiben die Schüler über ihre mannianischen Arbeitsthemen oder über ihre Reise- und Literaturerlebnisse in Sachen Thomas Mann. Der Schulcomputer ist dabei ihr ständiger Partner. Um die Druckform zu vereinheitlichen, lernen die Schüler wie nebenbei mit Textverarbeitungssystem und Computer als Schreibmaschine umgehen.

Das Vorlesen ihrer fertigen Texte im Kurs bildet einen weiteren Höhepunkt des Projekts. Die Textreihenfolge, das Bildmaterial und die Fundstücke für den Materialanhang des Buches werden festgelegt. Das Buch geht in Druck. Das Projekt ‚Spurensuche: Thomas Mann in Italien' endet mit einer doppelten *Präsentation.* Im Rahmen eines Schulfestes wird der Schulöffentlichkeit das Thomas-Mann-Buch des Leistungskurses Deutsch vorgestellt und verkauft – zugleich haben die Schüler eine Ausstellung über die Brüder ‚Heinrich und Thomas Mann in Italien' arrangiert, in der die Fundstücke ihres Projekts zu sehen sind.

In 14tägigem Rhythmus hatten die Schüler über 5 Monate an diesem Buchprojekt gearbeitet. Nach einer intensiven Einstiegsphase von ca. 10 Unterrichtsstunden wurde die Projektarbeit später alle zwei Wochen (etwa 2–3 Unterrichtsstunden) parallel zum curricular gebundenen Deutschunterricht fortgeführt. Projektarbeit und Normalunterricht liefen also unbeeinträchtigt nebeneinander her."

2.4 Ergebnisse

„Die Projektarbeit mündete in ein Buch von Schülern über das unaufhaltsame Verschwinden des Thomas Mann und seine Wiederentdeckung; aufgezeichnet in selbstgewählten Aufsätzen, Schilderungen, Bildern, tagebuchartigen Erinnerungen und Berichten der Schüler, mit einem persönlichen Blick auf den großen Dichter, ungeschminkt und ungelogen in ihrer Sprache.

250 Exemplare wurden gedruckt. 250 Exemplare wurden verkauft. In der schreibenden Annäherung überwanden sie die Distanz zu dem Dichterheros, und in seiner Nähe entzauberte sich der Zauberer, wie er von seinen Kindern immer genannt wurde, auch als Egomane. Der Genius Thomas Manns entpuppte sich den Schülern als preußisch anmutende, als sorgsame und pünktlich eingehaltene Schreibarbeit am Vormittag. Als das überlebensgroße Dichterdenkmal enthüllt war, sahen die Schüler auch seine Risse und Unebenheiten. Diese Art der Begegnung zwischen Schülern und Dichter scheint mir lebensechter und lebensnäher, zumal sie am Ende noch in eine handgreifliche buchgroße Form gegossen wird.

Die manchmal intellektuelle Ferne unseres Deutsch- und Literaturunterrichts wird auf einen zum Greifen nahen Horizont herangeholt, und das bringt – so paradox es klingt – Schüler und Lehrer weiter.

Daß das Buchprojekt darüber hinaus noch eine unerwartete Überraschung bereithielt, liegt wohl an den unvorhersehbaren Weiterungen und Verästelungen eines offenen Projekts: Die Schüler schlugen nämlich der Stadt Rom vor, an dem von ihnen wiederentdeckten Palazzo Via del Pantheon 57, in dem Thomas Mann von November 1896 bis Juli 1897 wohnte, eine Erinnerungstafel für unseren Dichter anzubringen. Die Eigentümer des Palazzo und die Stadt Rom stimmten dem Vorschlag zu, und die Geburtsstadt Lübeck übernahm die Kosten."

2.5 Projekt und Schulcurriculum

„Im Rahmen des Schulcurriculums besteht bei fast allen Fächern das Ziel, den Begegnungscharakter einer deutschen Auslandsschule mit der Kultur und Geschichte des Gastlandes ernst zu nehmen. Diesem Aspekt kam das Buchprojekt in besonderer Weise nach. Darüber hinaus wurde mit Thomas Mann als Erzähler und Lerngegenstand ‚Form und Inhalt moderner Erzählungen' abgedeckt; mit der Analyse von Briefen Thomas Manns wurde der Lernbereich ‚Textanalyse von nicht-fiktionalen Texten' berührt. So konnte sogar ohne Probleme die Projektarbeit der Schüler mit einem Abiturthema verbunden werden. Im Rahmen der Aufgabenart ‚Analyse von Sachtexten mit Stellungnahme' lag den Schülern als Material ein Italien-Brief des jungen Thomas Mann vor. Das Thema hieß: ‚Italien: Sehnsucht der Deutschen?'"

2.6 Rückblick

„10 Schüler und ein Lehrer standen auf ungeahnte Weise im Freien. Der Lehrer – ohne die Sicherheit bewährter, vielleicht auch eingefahrener Unterrichtsmethoden, ohne das Gerüst des klassischen Frage- und Antwortspiels. Die Schüler – ohne vorliegendes Textmaterial, in das man zunächst einmal wegtauchen konnte, ohne den pädagogischen Rutengänger, der doch den Weg zu den verborgenen Wassern der Erkenntnis zeigen sollte. Beide zunächst – ohne Fragen und ohne Antwort. Am Ende jedoch – in Schreibversuchen, eigene Antworten zu finden in einem gemeinsamen Buch."

2.7 Das Produkt: ‚Spurensuche: Thomas Mann in Italien'

Das Buch umfaßt 72 Seiten. Jede Schülerin und jeder Schüler ist mit mindestens einem Beitrag vertreten, wobei Fiktion und Dokumentation gemischt sind und bisweilen auch ineinander übergehen:

Das unaufhaltsame Verschwinden des Thomas Mann beginnt als realistischer Erlebnisbericht: Die Schüler haben sich verabredet, um Thomas Manns Wohnung während seines Romaufenthalts 1896–97 aufzusuchen. Überraschenderweise treffen sie dort auf die unterdessen in die Jahre gekommene Haushälterin der Brüder Mann, die ihnen bereitwillig von „Enrico und Tommaso" erzählt . . . Aber nein, das war natürlich nur Einbildung. Viel realistis :r geht die Geschichte weiter. Die Schüler suchen nämlich vergeblich das Haus, in dem die Brüder Mann gewohnt haben: „Es ist, wie wir befürchtet haben: Da, wo jetzt die Ausgrabungen sind, standen bis vor dem 2. Weltkrieg Häuser. Reinfall, hätten wir uns ja auch gleich denken können."

Italien und immer wieder Italien ist ein nüchterner Bericht über die diversen Italienaufenthalte Thomas Manns mit genauen Orts- und Zeitangaben, mit

Hinweisen auf die dabei entstandenen oder angeregten Werke und mit Zitaten aus Briefen und literarischen Arbeiten.

Die Orte der frühen Dichter-Jahre geht genauer auf die Zeit um 1897 ein und setzt briefliche Äußerungen Manns in Beziehung zu Werken wie dem ‚Tod in Venedig'. Dabei wird deutlich, daß Italien für Mann nicht nur ein realer Erlebnisort war, sondern daß es für ihn symbolische Bedeutung hatte – als Land des Lichts, der Wärme und des Chaos.

Ein Tag versucht, den Tageslauf Thomas Manns bei seinem Italienaufenthalt 1897 nachzuzeichnen. „‚Ich stehe zeitig auf . . .' Dieser kleine Satz, der auf Ordnung und Disziplin hindeutet und auch auf ein gesund geführtes Leben, ist von Thomas Mann in einem Brief von 1897 an Grauthoff gerichtet. Das ist ein Tagesbeginn, der zu Thomas Manns Lebensgewohnheiten paßt. Obwohl er sich in einer Phase des Abwartens befand, zu der Zeit, als er in Italien lebte, führte er ein reges arbeitsames Leben."

Die Entdeckung des Briefportos – Ein unbekanntes Motiv bei Thomas Mann handelt in ironischem Ton von den Finanznöten des jungen Dichters. War er so arm, wie aus seinen damaligen Briefen zu folgern wäre? Keineswegs, aber „Herr Thomas Mann hatte nun einmal gewisse gewohnte Ausgaben zu bewältigen, die an seinen nicht unbedingt ärmlichen Lebensstil gebunden waren. Seidenunterhosen, für größere Bequemlichkeit maßangefertigt, hatten sicherlich ihren Preis."

Tagtraum Palestrina erzählt die Erlebnisse der Schreiberin, als sie in Palestrina Spuren der Mann-Brüder suchte. Ein Herr, der ihr wie eine Figur aus Heinrich Manns Roman ‚Die kleine Stadt' vorkommt, weist ihr den Weg zur Via Thomas Mann: „Ist das Realität? Ich stehe auf der Via Thomas Mann, mir erscheint eine Figur aus Heinrich Manns ‚kleiner Stadt' – ängstlich, aus diesem Traum zu erwachen, besteige ich zaghaft die Stiegen der von Thomas Mann als ‚Treppengasse' bezeichneten Straße. Die verwitterten Stufen scheinen in meiner Phantasie nur die Spuren der Gebrüder-Mann-Sohlen zu tragen [. . .] Jetzt ist die erste Spannung gewichen, zum ersten Mal lasse ich meinen Blick frei umherschweifen: Hier gibt es keinen ‚dickblauen Himmel', der Thomas Mann in Rom ‚ewig auf die Nerven fallen sollte', der Himmel über Palestrina gleicht vielmehr dem strahlenden ‚Himmel von blauer Seide' aus ‚Gladius Dei'."

Neapel handelt ebenfalls von einer Spurensuche. Das Damals, wie es aus den Äußerungen von Thomas Mann bekannt ist, wird mit dem Heute konfrontiert: „Endlich nähern wir uns Neapel, das durch den dunklen, von Wolken verdeckten Himmel einen sehr traurigen Eindruck macht und geradezu einsam erscheint. Irrtum! Sobald wir aus dem Bahnhof treten, hetzen dort ‚Wagen und Menschen, Wagen und Menschen', wie sie Thomas Mann vor hundert Jahren zu Blick bekommen hat." „Wir gelangen nach einem kleinen Imbiß zur Galeria Umberto und trinken wie Thomas Mann ‚in der Galeria Umberto einen Kaffee', leider ohne die paar zerlumpten Jungen, die damals den jungen Schriftsteller um den Zucker gebeten haben." Der Bericht endet mit dem Resümee: „Neapel ist pöbelhafter, aber von einer naiven, lieben, graziösen und ergötzlichen Pöbelhaftigkeit', und Thomas Mann hat uns die Möglichkeit gegeben, einen Tag lang diese verschleierte Stadt zu entschleiern."

Venedig oder die Verlockung der Kunst heißt die nächste Station der ‚Spurensuche'. Hier werden nicht nur Impressionen wiedergegeben und mit Stellen aus den Werken Manns in Beziehung gesetzt, sondern es wird ernsthaft werkgeschichtlich interpretiert: „Betrachtet man die Entwicklungsgeschichte der Novelle, so ist ‚Der Tod in Venedig' ein Werk, welches sozusagen ‚fällig' war, selbst noch bevor Thomas Mann sein venezianisches Gefühlserlebnis hatte. Der Plan einer Goethenovelle, über die Marienbader Altersliebe Goethes für die 17jährige Ulrike von Lewetzkow, stand schon 1905 fest. Auch dort sollte ja das Problem der würdigen Meisterschaft verarbeitet werden. Außerdem sollte die Arbeit am ‚Felix Krull', wie Thomas Mann äußert, zur Erholung vom ‚diffizilen Ton' unterbrochen werden, das Bürger-Künstler-Problem, welches Thomas Mann trotz der scheinbaren Lösung in ‚Tonio Kröger' weiter beschäftigte, mußte erneut einen Abschluß finden."

‚Eine mißliche Geschichte' handelt von Manns Aufenthalt in Italien 1926, der seinen Niederschlag nicht nur im Josephsroman, sondern zunächst einmal in der Erzählung ‚Mario und der Zauberer' gefunden hat, einer Erzählung, die Mann selbst als ‚mißliche Geschichte' bezeichnete. Kritik an Italien? „Ein Zustand, eine Krankheit, nichts Definitives also, lautet die Diagnose, und keine endgültige Ablehnung des Italienischen, wie Thomas Mann auch in einem Brief an Otto Hoerth schrieb."

Auf der Suche verwischter Spuren ist ein launiges Resümee der schwierigen und teilweise frustrierenden Recherchen über Manns Aufenthalte in Rom und Neapel, gespickt mit Impressionen aus dem heutigen Rom und heutigen Neapel.

Ein zwiespältiger Italienfan kontrastiert positive und negative Schilderungen, die Thomas Mann von Italien gegeben hat. Angesichts einer Textstelle wie „Gott, gehen Sie mir doch mit Italien, Lisaweta! Italien ist mir bis zur Verachtung gleichgültig!" aus dem ‚Tonio Kröger' fragt sich die Schreiberin: „Wie kann ein Mensch in so radikaler Weise seine Meinung ändern, daß all das in Vergangenheit positiv Gesagte in ein schwarzes undurchdringliches Nichts übergeht?"

Thomas Mann: Ein großer Humanist! – Unfähig zur Freundschaft? versucht, den Menschen Thomas Mann zu charakterisieren, und zwar auf der Grundlage der Briefe, die er an Italiener (vor allem Übersetzer und Verleger seiner Werke) geschrieben hat. Fazit: „Denn ein Mensch, oder sollen wir sagen, ein Genie wie Thomas Mann, kann meiner Meinung nach keine wahren Freunde haben. Er hat die außergewöhnliche Macht, Beziehung zu Millionen von Menschen durch seine Werke herzustellen, aber bei einer Freundschaft ist er überfordert. Ein Genie, das die Gabe hat, mit der Menschheit zu kommunizieren, kann offensichtlich und ganz selbstverständlich nicht für einzelne dasein."

Rom 1953: Verleihung des Feltrinelli-Preises berichtet über die Umstände bei der Verleihung dieses ehrenvollen Preises, über den sich Thomas Mann besonders gefreut hat. Wieder werden Thomas Manns Briefe gründlich ausgewertet.

Thomas Manns Romaufenthalte 1895–1898 in Biographien und anderen Publikationen geht nicht nur grundsätzlich der Frage nach, „was überhaupt eine Biographie enthalten sollte", sondern ist darüber hinaus eine umfangreiche und detektivisch genaue Untersuchung der einschlägigen Publikationen auf ihren Wahrheitsgehalt. Die Ergebnisse sind verblüffend: „Ich wollte meinen Augen nicht trauen. Ich las den Satz wieder und wieder . . . Klaus Schröter behauptete hier, daß im Jahre 1953 Thomas Mann in einem Interview in Rom gesagt haben soll, er sei 1895–96 gemeinsam mit Heinrich in Italien gewesen. Genauere Angaben über das Interview oder einen Beleg dafür liefert Schröter nicht. Aber er behauptet, daß diese Aussage Thomas Manns nicht den Tatsachen entspräche und sie gemacht worden sei, um seine Biographen zu täuschen. Ich schlug in den Briefen an Grautoff nach und fand aus eben den Jahren 1895 und 1896 Briefe von Thomas Mann aus Palestrina und Rom. Somit hatte Thomas Mann die Wahrheit gesagt, und Klaus Schröters Behauptung war als falsch anzusehen." Nicht nur Schröter wird ein Fehler nachgewiesen, sondern dem berühmten Mann-Biographen Peter de Mendelssohn ergeht es ebenso. Über Manns Wohnung des Jahres 1895 schrieb er: „Im Hofe des Hauses waren damals wie heute noch antike Mauerreste zu sehen." Aber die detektivische Schülerin weiß es besser: „Damals wie heute! Aufgrund der Nachforschungen, die wir mit unserer Klasse angestellt hatten, wußte ich sehr genau, daß sich an der Stelle, wo das Haus Torre Argentina 34 im Jahre 1895 stand, heute die archäologischen Ausgrabungen am Largo Argentina befinden. Von dem Haus ist nichts mehr vorhanden. Von dem Haus konnte auch 1975, als die Biographie erschien, nichts mehr vorhanden gewesen sein, da der gesamte Häuserkomplex schon im Rahmen ebendieser Ausgrabungen, zwischen 1926 und 1930, abgerissen worden war." Nachdem der Jagdsinn geweckt war, wollte die Schülerin es nun wissen: Was schreibt der Biograph Winston? „Nach einem kurzen Ausflug nach Süditalien [. . .] kehrten die beiden Brüder nach Rom in Heinrichs Wohnung zurück, einen alten Palazzo mit Ausblick auf das Pantheon [. . .], via Torre Argentina 34." Kommentar: „War das zu glauben! Auch Winston verlegte das Haus Via Torre Argentina 34 ans Pantheon, ‚mit Ausblick auf das Pantheon', ohne Frage meinte auch er damit das oben beschriebene Gebäude in der Via della Rotonda 34. Den Irrtum Peter de Mendelssohns übernahm er unbesehen." Nach solchen Erkenntnissen fragt sich die Leserin, was denn an Biographien wohl wahr ist, was falsch. „Wenn ich an dieser Stelle meine Ausführungen beende, so heißt das nicht, daß es nichts mehr zu sagen gäbe. Über wie viele weitere Fragwürdigkeiten, Widersprüche und Falschinformationen ich bei meiner Lektüre noch stolpern mußte, darauf möchte ich nicht mehr eingehen."

3 Helga Roß, Altheim (Schwaben): Literatur zum Anfassen – Eine Ausstellung und drei Leseabende (57)

3.1 Schule und Klasse: Gymnasium, 13. Jg. Leistungskurs

Das Projekt wurde im Frühjahr 1990 vom Leistungskurs der 13. Jahrgangsstufe des Gymnasiums Riedlingen in der dortigen Stadtbücherei durchgeführt. Der Kurs bestand aus 8 Schülerinnen und 3 Schülern. „Sie stammen weitgehend aus der gehobenen bürgerlichen Mittelschicht [...]. Daher verfügen sie auch über einen gewissen kulturellen Bildungsstand, über wichtige manuelle Fertigkeiten, rhetorische Fähigkeit und Umgangsformen. Diese Tatsachen zusammen mit Selbständigkeit, Initiative, Phantasie und Führerschein (!) ermöglichten überhaupt erst die Durchführung eines so aufwendigen Projekts. Es waren viele außerunterrichtliche Treffen nötig, so daß von daher schon ein Transportproblem bestand. Außerdem mußten die Schüler alle Gegenstände teils von Zuhause, teils von der Schule zur Bücherei transportieren, zusammen mit unzähligen Stellwänden."

3.2 Anlaß und Planung

„Ausgangspunkt für das Projekt war die Mitgestaltung unseres Schuljubiläums ‚50 Jahre Abitur am Kreisgymnasium Riedlingen' am Ende des Schuljahres 1989, mit der Zielsetzung, einem Publikum, das in unserer Gesellschaft eigentlich nur von Zahlen beeinflußt und überzeugt werden kann, klarzumachen, daß Literatur und deutsche Sprache etwas sehr Lebendiges sein können und daß sie an der Formung unserer Kultur maßgeblich beteiligt sind.
Es sollte also gezeigt werden, daß ‚Iphigenie' beispielsweise nicht nur ein ‚ein-Punkt'-Reclam-Heftchen ist, sondern daß viel Ideelles/Philosophisches/Lebendiges/Problematisches dahintersteckt. Gleichzeitig wollten meine Schüler aber auch Hemmschwellen, Scheu vor der Lektüre ‚anspruchsvoller' Werke abbauen, indem sie nämlich die Welt der Bücher greifbar gestalteten. Deshalb trugen sie eine szenische Ausstellung in acht Einzelexponaten zu Werken von Goethe, Brecht, Hesse, Kafka, Klaus Mann, Thomas Mann, Schnitzler zusammen. Allerdings genügte den Schülern die Resonanz nicht, sie wollten unbedingt mehr Klarheit erzielen und hatten den Eindruck, durch die Ausstellung allein könnte man die eigenen Lektüreerfahrungen nicht ausreichend vermitteln. Außerdem wollten sie ein brei-

teres Publikum ansprechen, als dies im schulischen Rahmen möglich war. Im Verlauf von 13/1 und der damit verbundenen Abiturvorbereitung geriet die Diskussion ein wenig in den Hintergrund, doch der Beginn von 13/2 schien uns dann ein günstiger Zeitpunkt zu sein.

Geplant wurde jetzt, die gesamte LK-Literaturarbeit in typischen Szenen in der Stadtbücherei Riedlingen aufzubauen und diese Ausstellung während der Öffnungszeiten der Bücherei einem breiten Publikum vorzustellen. Abwechselnd sollten immer Schüler anwesend sein und für Erläuterungen zur Verfügung stehen. Parallel dazu sollten Leseabende gestaltet werden, um auch ungeübte Leser auf Interessantes und Schönes, auf Möglichkeiten im Umgang mit Literatur hinzuführen. Die Vorstellungen von der Durchführung solcher Abende waren allerdings sehr vage, die Schüler wußten lediglich, daß z. B. Vorlesen einzelner Kapitel viel zu langweilig wäre.

Der Zeitpunkt 5. 2. 1990 als Ausstellungsbeginn war günstig, die Schüler waren froh, nach all der Büffelei und Schreibtischtätigkeit jetzt körperlich und kreativ tätig werden zu können. Für folgende Werke hatten sich die Schüler entschieden:

Faust, Iphigenie, Der Goldne Topf, Effi Briest, Liebelei, Hugo von Hofmannsthal: Lyrik, Der gute Mensch von Sezuan, Steppenwolf, Wallenstein, Der Prozeß, Mutmaßungen über Jakob, Tonio Kröger."

3.3 Durchführung

„Aus allen Familien wurden die unterschiedlichsten Requisiten zusammengetragen, z. B. eine Faschingshexe mit Dreifuß und Kessel, ein Kinderkaspertheater, chinesisches Geschirr, Säcke, Reisschalen, Kaffeehausstühle, Gewänder der Jahrhundertwende und eine Kinderschaukel.

Auch die anderen schulischen Fachbereiche wurden ‚geplündert': Bio/Chemie → Totenschädel, Phiolen, Bunsenbrenner (Fausts Studierzimmer), Ek/Astronomie/Geschichte → Sternkarten und Meßinstrumente (Wallenstein), Politik → Informationen zu ‚Mutmaßungen'. Vor allem BK lieferte sowohl Bildmaterial als auch Tonpapier, Pappe, Pinsel, Schablonen.

Auch in den örtlichen Einzelhandelsgeschäften holten wir Brauchbares, z. B. eine Spielzeugeisenbahn zur Verdeutlichung von Johnsons ‚Mutmaßungen', einige Schaufensterpuppen, viele Plakate aus der Buchhandlung, um nur einiges zu nennen. Einige Dinge, wie z. B. die Säulen des Dianatempels, mußten selbst hergestellt werden. In mühevoller Einzel- und Gruppenarbeit erstellten die Schüler innerhalb von 14 Tagen nachmittags zahlreiche ansprechende Wandzeitungen mit Autorenbiographien, zeitgeschichtlichem Hintergrund, Kernstellen aus dem Werk und Fotos zum Werk. [. . .]

Erwähnenswert ist dabei, daß die Schüler – mittlerweile sehr zusammengewachsen – viel mehr zu Rollenspielen, Verkleidungen etc. bereit waren. Also entstand z. B. eine Fotoserie ‚Effi – Instetten – Crampas', auch ‚Gretchen – Mephisto', dargestellt von Kursteilnehmern."

Schließlich wurde die Ausstellung eröffnet:

26

„In der Eingangshalle fiel der Blick auf Effi in der Schaukel, nebenan waren ihr Schicksal und ihre Zeit aufgezeichnet.

Der Besucher konnte sich in Brechts China (oder Chima) versetzen lassen, wenn er eine Reisschale, einen Bambusfächer, grobes Baumwollgewand oder Tabaksäcke im schummrigen Licht einer chinesischen Ampel anfaßte, während er über Shen Tes Schicksal aus dem ‚Guten Menschen von Sezuan' auf Wandzeitungen las.

In der Art eines Kindertheaters war das magische Theater aus dem ‚Steppenwolf' aufgebaut, versehen mit einem Schachbrett, auf dem Schachfiguren mit unterschiedlichen Abbildungen von Hesse unter einem Prismenglas die Problematik der Persönlichkeitsspaltung verdeutlichten.

Thematisch eng verbunden war daneben das Studierzimmer Fausts aufgebaut. Ein gotisches Spitzbogenfenster, ein Totenschädel, die ‚einzige Phiole', ein altertümliches Stehpult wiesen als sprechende Requisiten auf den Mann hin, in dessen Brust ebenso zwei Seelen wohnten.

Publikumswirksam war auch die dargestellte Hexe am brodelnden Kessel mit Gretchens Konterfei im Hintergrund.

Genau gegenüber fiel der Blick des Betrachters auf den Namen ‚Mephisto', Fausts Helfer und Widersacher also, aber nicht den goethischer Prägung, sondern die Titelfigur aus Klaus Manns berühmtem Roman. Bei der Darstellung dieses 1936 entstandenen Exilromans durfte eine Auseinandersetzung mit NS-Symbolen nicht fehlen.

Versöhnlicher stimmte beim weiteren Rundgang eine lebensgroße, weißgekleidete Iphigenie, die zwischen zwei raumhohen griechischen Säulen den Frieden des Dianatempels ausstrahlte.

Äußerlich ebenso ästhetisch, von der Aussage her jedoch eher traurig mutete eine Szenerie aus einem Wiener Kaffeehaus um 1900 an, bei der die Schüler wieder viel Liebe zum Detail entwickelten, angefangen vom Sektkühler mit Jugendstilaufdruck bis zur original gekleideten Schaufensterpuppe. Eine knappe Lyrikausstellung Hugo von Hofmannsthals und Kernstellen aus Schnitzlers ‚Liebelei‘ füllten die Kulisse inhaltlich aus.

Die Zerrissenheit des modernen Menschen wurde anhand zweier weiterer Werke nochmals aufgegriffen, nämlich die Problematik von Künstler und Bürger in Thomas Manns Novelle ‚Tonio Kröger‘ – ein bekleckster Malerkittel konkurrierte malerisch (im wahrsten Sinn des Wortes) mit einem Bowlerhat – und die Verlorenheit eines Menschen angesichts ungreifbarer höherer Instanzen in Kafkas Roman ‚Der Prozeß‘.

Auch Hoffmanns ‚Märchen aus der neuen Zeit‘ hatte es – zu meinem nicht geringen Erstaunen – den Schülern (vor allem den weiblichen) angetan. Nicht nur ein goldener Topf mit echter Feuerlilie und ein Salamander waren in der Ausstellung vertreten, sondern einen Jüngling, in der Flasche (‚bald dein Fall – ins Kristall‘) gefangen, konnte der interessierte Besucher mitleidig belächeln.

‚Wallenstein‘ fand seine Darstellung in einer Schlachtszene, umringt von Sternenkarten und Faksimilekopien.

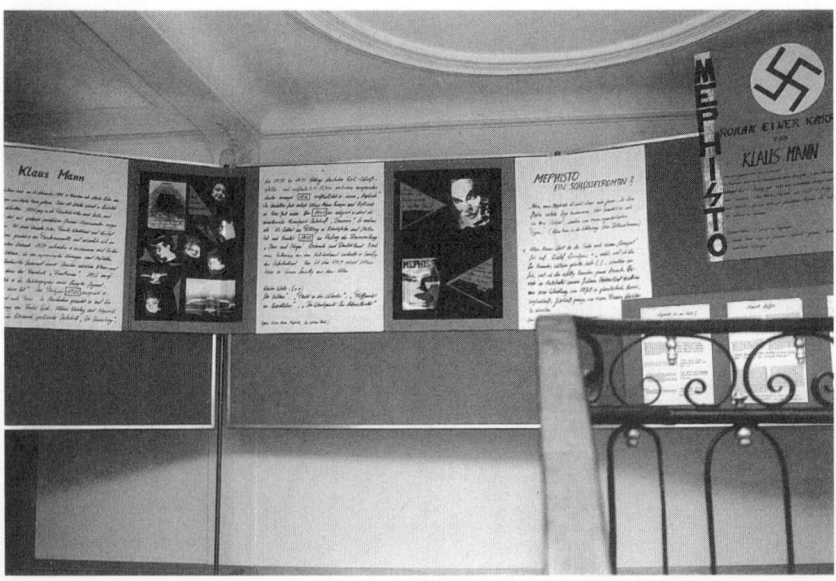

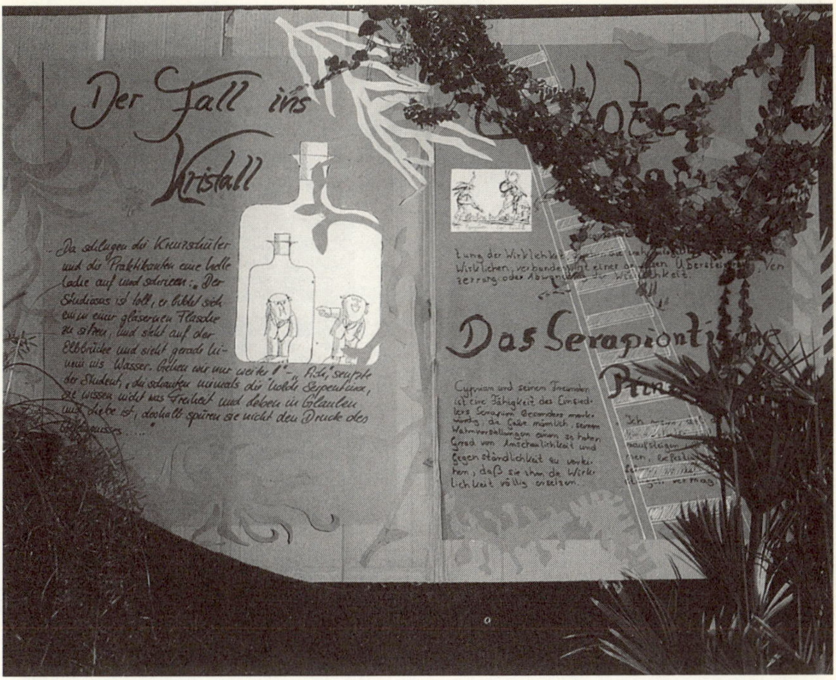
Der Fall ins Kristall
Da schlugen die Kreuzschüler und die Praktikanten eine helle Lache auf und schrieen: „Der Studiosus ist toll, er bildet sich ein in einer gläsernen Flasche zu sitzen, und steht auf der Elbbrücke und sieht gerade hinein ins Wasser. Gehen wir nur weiter!" – „Ach," seufzte der Student, „die schauten niemals die holde Serpentina, sie wissen nicht was Freiheit und Leben in Glauben und Liebe ist, deshalb spüren sie nicht den Druck des
Cyprian und seinen Freunden ist eine Fähigkeit des Einsiedlers Serapion besonders merkwürdig, die Gabe nämlich, seinen Wahrvorstellungen einen so hohen Grad von Anschaulichkeit und Gegenständlichkeit zu verleihen, daß sie ihm die Wirklichkeit völlig ersetzen.

Wallenstein
Geschichte – Mythos – Drama

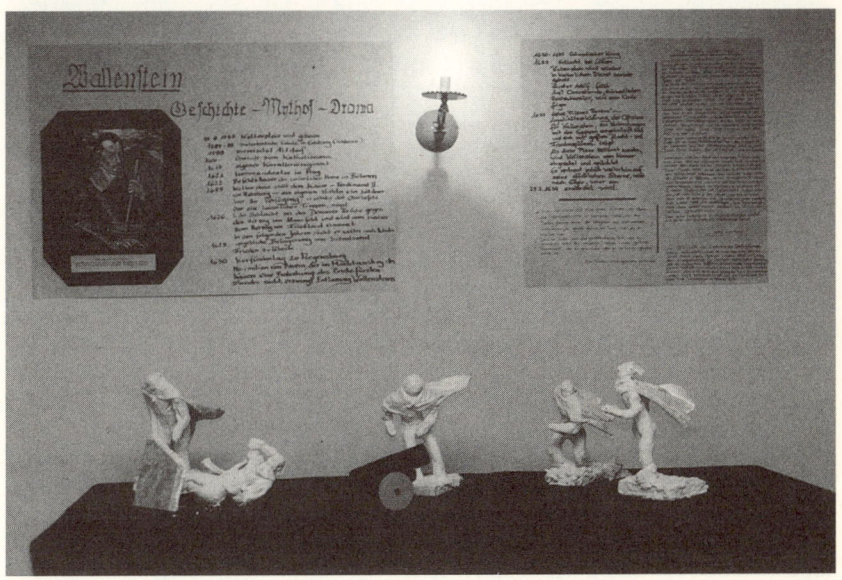

Einen Höhepunkt diesmal bildete die Vergegenständlichung von Johnsons ‚Mutmaßungen'. Ein Stück Mauer zeigte die Aktualität des Werkes von 1959 im Februar 1990, eine funktionstüchtige Modelleisenbahn zog vorgeschriebene Kreise durch den Raum, und Utensilien, nachempfunden denen in Johnsons Schreibkabinett, nämlich dem Keller seines Hauses in Sheerness-on-Sea, wie: Bahnhofsuhr, spanischer Rotwein, Gauloises ohne Filter (11 Stück/Abend) sowie ein schwarzer Aschenbecher rundeten die Atmosphäre ab.

Parallel zur Ausstellung sollten nun sogenannte ‚Leseabende' stattfinden. ‚Wir können doch nicht zwei Stunden bloß vorlesen, da schläft man ja ein', so diskutierte man untereinander. ‚Ja, aber viel Zeit haben wir nicht mehr; da muß uns unbedingt was einfallen.' Schließlich entpuppte sich der Leseabend Nr. 1 fast als szenische Darstellung mit Requisiten, Musik, Film, zum Thema ‚Wirken des Bösen' am Beispiel von Goethes ‚Faust' und Klaus Manns ‚Mephisto'. Um zu einer geschickten Nahtstelle zu kommen, war schon eine kleine eigene Regie nötig. So wurde z. B. nach der Einführung zum historischen Faust und der Rezitation des Prologs zunächst die Gretchenhandlung in einer Art Retrospektive von Gretchen selbst erzählt mit Zitaten der Schlüsselstellen. Erst dann brachte man – ebenfalls in freier Rezitation – die wichtigsten Studierzimmerszenen, um genau in das Kapitel ‚Pakt mit dem Teufel' bei Klaus Mann einsteigen zu können, das eine Inszenierung dieser Stelle beschreibt. Die Auswahl der Kapitel von Klaus Mann kulminierte in den Worten: ‚Es ist Nacht in unserem Vaterlande. Die schlechten Herren reisen durch seine Gaue – in großen Automobilen, in Flugzeugen oder in Extrazügen. Sie reisen eifrig umher. Auf allen Marktplätzen plappern sie ihren Schwindel. An jedem Ort, wo sie oder ihre niedrigen Helfer erscheinen, erlöscht das Licht der Vernunft, und es wird finster.' Bei diesen Worten geht auch das Licht im Vortragssaal aus, eine schnarrende, aber unverkennbare Stimme wurde hörbar, und auf der Leinwand erschien Goebbels mit seiner Rede vom totalen Krieg 1943.

Das darauf folgende betroffene Schweigen des Publikums zeigte, daß hier nicht nur Inhalt wiedergegeben wurde, sondern sich auch ein Sinn für sprechende Effekte, publikumswirksame Gestaltung entwickelt hatte. Der erste Abend konnte als Erfolg verbucht werden.

Die zweite Veranstaltung fand nachmittags darauf statt, war wenig vorbereitet und vielleicht vom Thema her auch nicht so zugkräftig (‚Iphigenie' – ‚Der gute Mensch von Sezuan'). Jedenfalls waren die ausgesuchten Lesepassagen viel zu lang, da konnten auch drei exotisch aussehende Götter nichts daran ändern, daß bei Zuhörern wie Ausführenden nach einer gewissen Zeit Ermüdungserscheinungen eintraten. Fast möchte ich behaupten, so eine weniger gelungene Sache mußte sein, denn die Kritik und die Unzufriedenheit darüber hatten zur Folge, daß das Programm für den nächsten Abend (Johnson) vollkommen verworfen wurde und innerhalb von 24 Stunden etwas ganz Neues verfaßt werden mußte.

Aus meiner Sicht führte dies zum gelungensten der drei ‚Leseabende', denn man verließ die Inhaltsebene, gab sich nicht mit thematischen Bezügen, mit

DDR-Aktualisierungsversuchen oder dergleichen zufrieden, sondern es kam hier die Technik des Erzählens zur Darstellung. Die Diskussion, ob Kunst Abbildung der Wirklichkeit sei oder kreative Neuschöpfung einer eigenen Wirklichkeit, was Wirklichkeit, Wahrheit überhaupt heißt, beschäftigte auch den Autor Johnson stark. Von daher hatten die Schüler einen Zugang zu dem Werk gefunden, das so vielschichtig erzählt, in dem so verwirrend viele Personen etwas sagen – übergangs- und zusammenhanglos auf den ersten Blick. Und genau diese Technik wurde veranschaulicht."

3.4 Rückblick

„Die Durchführung des ganzen Projekts erwies sich im Vergleich zur Planung als wesentlich aufwendiger. Es war so, daß einem der ‚Appetit beim Essen' kam, die Ideen aus der Arbeit entsprangen und die Begeisterung der Schüler wuchs.

Natürlich wollte ich sie nicht bremsen, aber das erforderte meinen ungeteilten Einsatz über Tage, fast Wochen. Darunter litt in erster Linie meine Familie, meine Kinder verbrachten manche Stunde mit in der Bücherei, mein Mann wurde sogar in Aufbau, Beratung und Transport miteinbezogen. In der Woche der Leseabende kam sicher auch mein anderer Unterricht zu kurz.

Für mich sind diese Aspekte rückblickend jedoch zweitrangig. Was blieb, ist die bis dahin ungekannte Erfahrung, wie motivierbar Jugendliche sein können, wie sehr sich das Lehrer-Schüler-Verhältnis zum Positiven, Vertrauten, zum Miteinander wenden kann, ohne daß dabei die nötige Autorität und Distanz verlorengeht. Mir hat die Arbeit bei aller Schufterei Spaß gemacht und Gewinn gebracht. Außerdem zeigte sich deutlich, wie durch einen kreativen Umgang mit den Werken das Verständnis für Werk/Autor/Epoche wächst.

Öffentlichkeitsarbeit fand statt, das Antreten vor Publikum bedeutete für die Schüler sicher die wichtigste Überwindung einer Hemmschwelle, doch steht für mich dieser Aspekt nicht an erster Stelle. Letztlich war mir mein Kurs wichtig. Ich muß hinzufügen, daß durch einen glücklichen Zufall Schüler und Lehrer von Anfang an ‚einen Draht' zueinander hatten, anders wäre das Projekt sicher nie zustande gekommen. Für mich war die Durchführung des Projekts eine Art ‚Sternstunde' – wohl nicht wiederholbar."

4 Brigitte Lorenz (Rüdesheim): Videofilm ‚Denver Clan' (43)

4.1 Schule und Klasse: Privatgymnasium, 10. Klasse

„Die St. Ursula-Schule ist ein staatlich anerkanntes Privatgymnasium des Ursulinenordens. Sie stand bis 1986 in der Tradition einer reinen Mädchenschule, was die Tatsache ausschließlich weiblicher Akteure in unserem Film erklärt.

Die Schule versteht sich als Vermittlerin von Bildungsinhalten, die christlich geprägt sind. Lehrerinnen und Lehrer sind angewiesen, SchülerInnen als Ganzes zu betrachten, zu erziehen und ihre Leistungen dementsprechend zu bewerten. Aus diesem Grunde ist unsere Schule sehr aufgeschlossen für kreatives Arbeiten (Theater, Musik, Video) und hat uns bei der Herstellung des Films in ihrem Rahmen unterstützt. Diese von der Schule geförderte Kreativität zeichnet meines Erachtens besonders die am Projekt beteiligte Klasse aus."

Im übrigen ist zu sagen, „daß es sich bei der Klasse um 24 sehr engagierte und vor allem auch fröhliche Schülerinnen handelt, mit denen man als Lehrkraft effektiv und mit Freude arbeiten kann."

4.2 Einstieg in das Projekt

„Aufgrund der positiven Erfahrungen, die ich mit dieser Klasse beim Erstellen einer Klassenzeitung gemacht hatte, plante ich für die verbleibende Zeit vor den Sommerferien ein weiteres Projekt, das, da auf Kreativität basierend, nicht unter die üblichen Lernerfolgskontrollen fallen sollte. Fairerweise muß ich gestehen, daß mir dabei eher unterrichtstypische Beispiele wie freies Schreiben (Lyrik, Kurzgeschichten o. ä.) vorschwebten. Anders dagegen die Vorstellungen der Schülerinnen, wie sich bei einem ersten Planungsgespräch herausstellte. Angeregt durch eine ebenfalls in diesem Schuljahr durchgeführte Unterrichtseinheit ‚Filmanalyse', beschlossen sie ganz spontan, einen Film zu drehen. Obgleich dieses Vorhaben für die Mädchen wie auch für mich Neuland war, reizte uns diese Idee, und unsere nächsten Überlegungen befaßten sich mit dem auszuwählenden Filmstoff. Dabei war es bezeichnend für die Klasse, daß sie nicht einfach eine literarische Vorlage verfilmen, sondern ein eigenes Drehbuch schreiben wollten. Es entsprach auch ganz dem ausgeprägt fröhlichen Charakter der Mädchen, etwas Lustiges zu verfilmen, und so kamen sie auf die Idee, eine Parodie auf die allseits geschmähten (und doch geliebten) Seifenopern wie ‚Denver Clan' oder ‚Dallas' zu schreiben. Ein zusätzliches I-Tüpfelchen versprachen sich die Mädchen durch die Verlegung des Schauplatzes und der Handlung in ihre Heimat, das Weinbaugebiet Rheingau.

Die Wahl fiel letztlich auf die Serie ‚Denver Clan', da sich der Haupthandlungsstrang dieser Reihe (Rivalität zweier Frauen um einen Mann) gut in das Rheingauer Winzermilieu umsetzen ließ (Rivalität bei der Wahl zur Rheingauer Weinkönigin).

Daß zur Unterstreichung des Rhein-Wein-Ambiente auch konsequenterweise fast ausschließlich der Lokaldialekt in den Dialogen auftauchte, versteht sich von selbst. Das aus diesen Ideen geborene Drehbuch enthielt so zwei unterschiedliche Aspekte: die Parodie einschlägiger Seifenopern mit den bekannten Klischees von Gut und Böse sowie die Darstellung lokaler Verhältnisse und, teilweise natürlich auch klischeehafter, Verhaltensweisen."

4.3 Planung und Durchführung

„Nach diesen Vorüberlegungen, die recht zügig vonstatten gingen, erfolgte die Einteilung sämtlicher Schülerinnen in die verschiedenen Bereiche, die sie nach Neigung auswählten. Schon dabei wurde den Mädchen bewußt, wie aufwendig bereits solch ein kurzer Film ist, was alleine das Personal anbelangt. Aus diesem Grunde übernahmen einige Schülerinnen Doppelfunktionen (z. B. Drehbuchautorin und Darstellerin), und es blieb keine Schülerin ohne Aufgabenbereich. Die Rolle der Regisseurin fiel offiziell mir zu, wenngleich Beratungen über Drehorte, Einstellungen etc. immer gemeinsam gemacht wurden.
Die eben genannten Planungen fanden bereits vier Wochen vor Beginn des eigentlichen Projektes statt, da dem Drehbuchteam genügend Zeit zum Schreiben eines Drehbuchs eingeräumt werden mußte. Die Autorinnen verfaßten es dann auch ausschließlich in ihrer Freizeit nach Rücksprachen mit mir und der übrigen ‚Filmcrew‘. Aus Zeitgründen verzichteten die Schülerinnen bewußt auf detaillierte Regieanweisungen und verließen sich auf die Spontaneität der Darstellerinnen. [. . .] Dieses Verfahren mag nicht unbedingt den Praktiken ‚richtiger‘ Filmfabriken entsprechen, für uns gab es aufgrund der zeitlichen Begrenzung jedoch keine andere Möglichkeit.
Bei der filmischen Realisierung des so entstandenen Drehbuchs spielte vor allem der Ton, bei uns fast gleichgesetzt mit Musik, eine große Rolle. Eingedenk der bei der Unterrichtseinheit ‚Filmanalyse‘ gewonnenen Erkenntnis, daß Ton wie auch Musik atmosphärischen Charakter und vorausdeutende Elemente besitzen können, wählte das Tonteam Lieder und Musikstücke aus. Den parodistischen Charakter des Films unterstreichend, geben die jeweils einleitenden Auszüge das Wesentliche der dann folgenden Szene wieder. Wollte man dieses Verfahren negativ bezeichnen, könnte man von einer ‚Holzhammermethode‘ sprechen, positiv gesehen jedoch unterstreicht es die herrschende Praxis, den Zuschauer ‚behutsam‘ auf kommende Ereignisse vorzubereiten.
Im Verlauf des Projekts stellte sich das Aufgabenfeld Ton/Musik als umfangreicher heraus als vorher geplant. Neben dem Auswählen handlungsspezifischer Musik mußte die Toncrew bei jedem Drehtermin anwesend sein und zuletzt beim Schnitt mitwirken."
Weitere Aufgaben, die die Schülerinnen übernahmen, betrafen das Filmen (zwei Schülerinnen bildeten das Kamerateam), das Schneiden des Films, das Beschaffen bzw. Herstellen von Requisiten, Masken und Kostümen. „Glücklicherweise trafen die Mädchen die Wahl ihrer Drehorte so geschickt, daß oftmals ein passendes Inventar vorhanden war. So durften wir z. B. die Szenen beim Bäcker und im Supermarkt in zwei Geisenheimer Geschäften

drehen, was uns zum einen viel Arbeit ersparte (Bereitstellung von Requisiten), zum anderen eine größere Authentizität für den Film gewährleistete. Von Nachteil war allerdings, daß wir auf den Publikumsverkehr dieser Geschäfte Rücksicht nehmen mußten. [. . .] Ähnlich erging es uns beim Drehen der Szene ‚Winzerball‘, die wir beim Frühschoppen eines Rheingauer Weinfestes aufnahmen. Einerseits waren wir für diese wunderbare Kulisse dankbar, hatten aber Mühe, das anwesende Publikum von der Tanzfläche fernzuhalten. Einige Leute dachten, bei uns handele es sich um eine Darbietung im Rahmen des Weinfestes, und sie beschwerten sich, daß sie nichts hören konnten (die Mikrofone hatten wir abgestellt). [. . .]

Ebenfalls problematisch waren für das Requisitenteam die ‚Bettszenen‘ zu Beginn und am Ende des Films. Nach der Prüfung mehrerer elterlicher Schlafzimmer, die uns sämtlich als unpassend erschienen, kamen wir auf die Idee, im ortsansässigen Möbelhaus Henrich um Dreherlaubnis zu bitten, und erhielten diese auch. [. . ..]

Was wären aber alle diese Mühen ohne unsere Darstellerinnen? Von der gesamten Crew für ihre Rollen ausgesucht, lernten sie mit Eifer ihre Texte. Leider konnten wir viele Szenen nicht so oft proben, wie wir uns das gewünscht hätten, es fehlte uns einfach die Zeit dazu. [. . .]

Es wäre sicherlich reizvoll gewesen, für die männlichen Parts auch männliche Darsteller gehabt zu haben, um die Illusion von Wirklichkeit zu vergrößern. Da es sich bei dem Film jedoch letztlich um die Darstellung von Schulwirklichkeit handelt, verzichteten wir darauf, Außenstehende zu verpflichten. Wir hatten uns am Ende der Dreharbeiten alle bestens an die Mozartzöpfe unserer ‚Herren‘ gewöhnt.

Daß ein Film auch materielle Opfer verlangt, mußten die Mädchen bald erkennen. Die Einrichtung eines Filmfonds, in den die Schülerinnen ihr eigenes Geld einzahlten, sollte die anfallenden Kosten decken. Auch ein ‚Versicherungsfall‘ zeigte uns, daß Künstler in ihrem Schaffen nicht völlig frei sind. Schuld daran war die Traktorszene am Ende des Films, bei der unser ‚Kall‘ einen kleinen Unfall verursachte und zwei Autos ineinander verkeilte.

Von dieser kleinen Panne abgesehen, lief unser Projekt wie geplant. Weniger ein Problem der Planung als der Einschätzung war der zeitliche Aspekt, weil alles viel länger dauerte, als wir vorher angenommen hatten. Dennoch hielten die Gruppen bis zum Schluß durch, wenn auch manche Gruppenmitglieder mit weniger Einsatz als erwartet."

4.4 Ergebnisse

„Das wichtigste Ergebnis dieses Projekts im Sinne von ‚Lernzuwachs‘ war die von allen gewonnene Erkenntnis, welche Arbeit in einem Film steckt. Bedenkt man die Kürze und relative Einfachheit unseres Films, so wird klar, welcher Material- und Arbeitsaufwand in normalen Filmproduktionen steckt. [. . .]

Wichtig war die weitere, obgleich banal erscheinende Erkenntnis bzw. Verstärkung des Wissens, daß Film wirklich nur Illusion bedeutet. Bei der heutigen Überflutung durch Kino und Fernsehen erscheint es um so wichtiger, SchülerInnen diese Tatsache ständig bewußt zu machen. Dies hat natürlich weiterführende Konsequenzen, bedenkt man die Manipulierfähigkeit des Films durch beispielsweise bestimmte Einstellungen oder Darstellungen von Ausschnitten. [. . .]

Bei der Formulierung der Ergebnisse sollte auch die affektive Komponente nicht fehlen. Neben der Erweiterung fachlichen Wissens spielten das entwickelte Gemeinschaftsgefühl und die Verantwortung, die jeder für das Gelingen des Projekts trug, eine große Rolle."

4.5 Bewertung

„Es hat uns unheimlich viel Spaß gemacht und war eine Sache, für die sich all die Mühe und Arbeit lohnte. SchülerInnen erfuhren Schule einmal anders, und auch ich als Lehrerin lernte meine Schülerinnen anders und besser kennen. [. . .]

Ich würde ein solches Projekt, allerdings in Verbindung mit einer Unterrichtseinheit ‚Filmanalyse', unbedingt weiterempfehlen. Bedenkt man die Bedeutung, die Film und Fernsehen in unserem täglichen Leben haben, so erscheint es verwunderlich, wie wenig Eingang sie in unseren Schulalltag gefunden haben.

Unser Anliegen, SchülerInnen zu kritischem Lesen zu befähigen, sollte vor dem kritischen Konsum von Film und Fernsehen nicht haltmachen."

5 Mechthild Thülig (Deutsch)/Eva Schibel-Hilgemeier (Musik)/Senta Bonneval (Theater) (Bremen): Gefühlsausdruck in Wort, Ton und Körpersprache (69)

5.1 Schule und Klasse: Gymnasium, 11. Jahrgangsstufe

Es handelt sich um ein Projekt, das in Zusammenarbeit eines Leistungskurses Deutsch und eines Grundkurses Musik an einem Schulzentrum im Bremer Westen (Hafenregion) durchgeführt wurde, einem sozialen Problemgebiet. 50% der Schülerinnen und Schüler des 11. Jahrgangs wachsen mit nur einem Elternteil auf. Im Verhältnis zur Bevölkerungszahl besuchen hier nur wenige Schülerinnen und Schüler die gymnasiale Oberstufe oder eine Fachoberschule, um das (Fach-)Abitur zu machen. „Nachdem unsere Schule wegen Schülerinnenmangels geschlossen werden sollte und unsere Schule sowie die Lokalpolitiker im Westen auf den Zusammenhang zwischen Sozialstruktur und Schulbesuch überzeugend hinweisen konnten,

wurden Mittel zur Verfügung gestellt für ein Stadtteilprojekt mit dem Auftrag der Bildungsförderung in dieser Region (community school)."
Am Projekt nahmen 10 Schülerinnen und 3 Schüler teil; sie kamen aus 4 verschiedenen Sek-I-Zentren.
Betreut wurde das Projekt von zwei Lehrerinnen (Musik/Englisch und Deutsch/Geographie) und einer Schauspielerin des Jugendtheaters MOKS, das mit Schulen zusammenarbeitet.

5.2 Entstehung und Begründung des Projekts

„Unser Deutsch-Musik-Projekt ,Gefühlsausdruck in Wort, Ton und Körpersprache' ist eins unter vielen anderen, die diesen Auftrag sehr ernst nehmen. Wir wollen ganz speziell die psychischen und pädagogischen Übergangsschwierigkeiten zur GyO bearbeiten, Übergangsschwierigkeiten, die durch den guten Willen entstanden, Schülerinnen und Schülern aus unterschiedlichen Schularten an der Gelenkstelle 10. Kl. die Chance zu geben, die Hochschulreife zu erwerben, Übergangsschwierigkeiten, die allerdings vor allem durch den spezifischen soziokulturellen Hintergrund unserer Schülerinnen und Schüler bedingt sind.

Konkret haben wir im Deutsch- und Musikunterricht folgende Schwierigkeiten unserer Schülerinnen und Schüler erlebt:
1. Rechtschreib- und Ausdrucksschwächen, Schreibunlust
2. Schwierigkeiten im Umgang mit abstrakten Texten
3. Schwierigkeiten im Umgang mit Literatur bis zur Romantik und Literatur, die von der Symbolik sehr fremd und sprachlich sehr komplex ist, Leseunlust
4. musikalisches Analphabetentum (Das Lesen und Schreiben von Notentexten ist der Mehrzahl der Schülerinnen und Schüler fremd.)
5. große Schwierigkeiten, aus bisherigen Hörgewohnheiten ein Stück weit herauszukommen und sich mit ,musikalischem Neuland', sei es historische Musik oder E-Musik der Gegenwart, vertraut zu machen
6. stark ausgeprägte Konsumhaltung gegenüber Musik."

Warum reagiert man auf diese Ausgangslage mit einem Projekt? „Unterschiedliche Lebensinhalte, andere Tätigkeiten, unterschiedliche Erfahrungsformen bedürfen auch anderer kultureller Inhalte. Das ist für uns ein neuer, erweiterter Kulturbegriff. [...] Aus diesem Kulturbegriff leiten wir für unsere Arbeit ab:
1. die Praxisorientiertheit; Schülerinnen und Schüler schreiben Texte, vertonen sie und tauschen sich darüber aus.
2. die Integration des Erlebnis- und Erfahrungsraums
3. die Projektarbeit: Die Projektarbeit stellt den Versuch dar, die im Bildungssystem verankerte Trennung von Theorie und Praxis, Lernen und Leben, Denken und Handeln zu beseitigen. Sie ist produktorientierte Bildungsarbeit. Die lernenden Individuen haben die Chance, Handlungs-

kompetenzen zu erwerben, um ein aktives Leben in einer sich verändernden demokratischen Gesellschaft führen zu können. Emanzipatorische Momente sind im Zusammenhang mit methodischen Aspekten zu sehen."

Und warum dieses Projektthema?
„Wir haben in der Planungsphase, an der die Schülerinnen und Schüler nicht beteiligt sein konnten (Behördenwege sind lang!), das bei der Bildungsbehörde einzureichende Thema sehr weit gefaßt, weil nur so den Schülerinnen und Schülern im Projekt inhaltlich Bewegungsspielräume bleiben konnten. Der Ausdruck von Gefühlen ist für das physische Überleben eines jeden Menschen absolut notwendig. Das Selbstbewußtsein und die Identitätsfindung scheinen sehr davon abzuhängen, wie ein Mensch sich zu seinen Gefühlen verhält und sie anderen gegenüber zum Ausdruck bringen kann. Alexander Mitscherlich spricht in seinem Buch ‚Auf dem Wege zur vaterlosen Gesellschaft' von drei Bildungsebenen: der Sach-, der Affekt- und der Sozialbildung, und er bemerkt dazu, daß die ‚Kultur der Affekte (. . .) das eigentlich schwerste Bildungsziel' sei (1963, S. 41).
Im Deutschunterricht hat die Differenzierung zwischen der subjektiven Darstellung und der objektiven eher zu einer Abwertung des Gefühlsausdrucks geführt. [. . .]
Im Musikunterricht ist die unmittelbarste und packendste Seite der Musik die direkte Art, in der sie unsere Gefühle anspricht – unsere Stimmungen vertieft und verändert. Die Bedeutung, die diesem emotionalen Einfluß der Musik beigemessen wird, läßt sich durch die gesamte Musikgeschichte verfolgen. [. . .]
Es fehlt nicht an organischen Verbindungen zwischen Musik und Sprache. Wir wollen in unserem Projekt versuchen, Gefühle sprachfähig zu machen und sie in Tönen und Melodien zu finden. Wir wollen uns gegenseitig Mut machen, uns zu äußern in Wort und Ton. Wichtig ist für uns, daß die sprachliche und musikalische Darstellung von Gefühlen zusammengehören. Die Erfindung von Rhythmen, Melodien, Harmonisierungen und schließlich die Vertonung eines Textes bieten das Erfahrungsfeld, um alle Parameter der Musik in der Praxis zu erarbeiten, sie zu reflektieren und zu systematisieren. Dabei bieten die 17 Keyboards, die unserer Schule im Rahmen eines Unterrichtsversuchs zur Verfügung stehen, eine gute Möglichkeit, Schülerinnen und Schülern, die keine instrumentalen Vorkenntnisse haben, diesen Praxisbezug zu erleichtern. [. . .]
Der Umgang mit unterschiedlichen Themen, Strukturen, Motiven, Sprachrhythmen und Bildern macht sensibel für Sprache, läßt die Schülerinnen und Schüler einen eigenen Stil entwickeln und führt auch zur Sprachreflexion. Eventuell ist über die Eigenproduktion von Texten auch ein größeres Interesse für das offizielle Kulturleben zu wecken. Kreatives Schreiben könnte einen weiteren Weg zur Kulturtechnik Schreiben öffnen."

5.3 Planung

„a) Mögliche Themen für ein halbjähriges Deutsch-Musik-Projekt:
1. Besuch von Kindergärten und Untersuchung von spontanem Gefühlsausdruck (sprachlich und musikalisch). [. . .]
2. Vergleich der Ergebnisse der Kindergartenerkundung mit
– einzelnen Werbespots,
– Reden (Politik, Familienfeier . . .).
3. Besuch der Proben und Aufführung von ‚Oh Automobile‘, UA Nov. 1990, Das Auto als ‚Objekt öffentlicher und privater Zuneigung‘ (Kabarett-Konzert).
4. Sprachkompositionen, Vertonung von Gedichten.
5. Produktion eines eigenen Hörspiels, in dem Gefühle (Angst, Langeweile, Wut, Liebe, Unglücklichsein, Schmerz) thematisiert sind, z. B. Thema ‚Abschied‘.
Darüber hinaus können Tagebuchnotizen, Gedichte, Ausschnitte aus Romanen als Beispiele des Gefühlsausdrucks interpretiert werden, kann versucht werden, das Zusammenwirken von Wort und Ton in Liedern, Opernausschnitten und Songs zu untersuchen.
Bei der Planung dieser Themen waren wir uns darüber einig, daß die Projektgruppe die Möglichkeit haben muß, die oben dargestellten Themenvorschläge zu differenzieren, ja sogar zu verwerfen und neue Projektinhalte zu entwickeln.
b) Planung für das 2. Halbjahr nach 4 Monaten Projekterfahrung
1. Kreatives Schreiben
In diesem Kurs werden weiterhin mit den Mitteln der Assoziation und der bewußten Gestaltung die literarischen Fähigkeiten der Schülerinnen und Schüler gefordert und gefördert . . . (Sprachrhythmus, Sprachbilder, spez. Mittel der Ironie . . .).
2. Produktion von speziellen Textsorten
a) Gedichte, Sketche und Szenen zu bestimmten Themenkreisen. Dabei werden die Erfahrungen aus dem Kurs ‚kreatives Schreiben‘ verwertet.
b) Entwicklung eines Rahmens für die Collage
3. Musik
Vertiefung und Erweiterung der Kenntnisse und Umsetzungen von musikalischen Ausdrucksmitteln in drei Richtungen:
a) traditionelle Kompositionsweisen
b) Klangexperiment
c) Geräuschcollage
Der Computer wird dabei eine wichtige Rolle spielen, ebenso die Stimme mit ihren Ausdrucks- und Verfremdungsmöglichkeiten (Effektgerät).
4. Bühnenarbeit
Hier werden weiterhin nonverbale und verbale Spielszenen mit den Mitteln der Körpersprache und Pantomime entwickelt. Ein Minimum an Bühnenbild und nur die notwendigsten Requisiten sind ein Charakteristikum.

Aufwärmarbeit dient der Öffnung für die Bewegung, das Sprechen, das Singen, das Spiel.
[...]
In das Projekt fließen die grundlegenden Inhalte der Standardkurse in den Fächern Musik und Deutsch für 11.2 ein."

5.4 Bisheriger Verlauf des Projekts in Stichworten:

„I. Einstiegsphase
1. Die Schülerinnen und Schüler gestalten das Erlebnis ‚Erster Schultag an der Langen Reihe' (Gedichte, Pantomimen, Szenen).
2. Sie erhalten Literatur (Gedichte, Erzählungen, Lieder, Aphorismen), die Gefühle thematisieren, und reden über Beispiele, die sie ansprechen.
3. Integriert in die vorherigen und die folgenden thematischen Schwerpunkte ist das Kennenlernen und Einüben verschiedener Protokollformen als Mittel der Weitergabe von Projektinhalten.
4. Eine Kindergartenerkundung wird als ein Projekt, bei dem eine besonders unmittelbare Form des Gefühlsausdrucks erlebt wird, vorbereitet und durchgeführt.
5. Über die Erfahrungen im Kindergarten wird ein ‚Tagebuch' (gestaltende Elemente wie Sprache, Fotos, Lieder, Singsang, Layout) angefertigt. Im Mittelpunkt stehen die Ergebnisse folgender Beobachtungen der Schülerinnen und Schüler: a) Art der Gefühle, die die Kinder äußern, b) Art und Weise ihrer Gefühlsäußerung (Gestik, Mimik, Sprache, Gesang, Handlung, Interaktion...), c) Wahrnehmung der eigenen Gefühle im Interaktionsfeld.
6. Es werden verschiedene Theater- und Musicalvorstellungen (‚Cats', ‚Brecht up'm Swutsch', ‚Der Junge im Bus', ‚Tag der Offenen Tür' im Theater) besucht und mit Fachleuten ausgewertet.
7. Mit sinnlichen Beispielen aus der Projektarbeit (Leseproben aus den Kindergartenerkundungen und kleine musikalische Experimente) gestalten die Schülerinnen und Schüler einen Elternabend als ansprechende Information über das Projekt.
8. Es werden eine Exkursion zum Bremer Hauptbahnhof und Beobachtungen zum Thema ‚Willkommen' und ‚Abschied' gemacht.
9. Die Erfahrungen auf dem Hauptbahnhof werden in kleinen Produktionen (Sketch und Pantomime) verarbeitet.
10. Im Musikunterricht ist eine schwierige Ausgangssituation gegeben, da knapp die Hälfte der Schülerinnen und Schüler des Grundkurses nicht im Projekt ist und die in diesem Musikkurs nicht erfaßten ‚Projektschülerinnen und -schüler' sich auf zwei weitere Musikkurse verteilen. Als Kompromiß für die nicht am Projekt beteiligten Schülerinnen und Schüler des Musikkurses werden die Stunden in der Regel folgendermaßen aufgeteilt: Montags 1. Std. wird im Intensivverfahren den Grundlagen der Musiktheorie gewidmet. Mittwochs 1. und 2. Std., gegebenenfalls auch andere Projektstunden, werden genutzt für Klangexperimente, Improvisation und Komposition. In

der Einstiegsphase geht es dabei in erster Linie darum, den eingefahrenen Hörgewohnheiten der Schülerinnen und Schüler neue Klangerfahrungen entgegenzusetzen. Dies ist besonders gut möglich bei der Vertonung von Gedichten und Szenen.
11. Verschiedenste Klangexperimente werden gemacht, die einen Einblick in die Ausdruckspalette musikalischer ‚Sprache' geben und zu expressiver Musik ermutigen.
12. Die theoretischen Grundlagen der Musik und die eigenen Kompositionen werden häufig im Keyboard-Studio erarbeitet.

II. Hauptphase
1. Die Arbeitsschwerpunkte und das Thema für die nächsten Monate werden diskutiert und festgelegt. Ergebnisse: Thematischer Schwerpunkt: Verarbeitung eigener Erfahrungen. Form: eine Art Collage auf der Bühne. Arbeitsschwerpunkte: Produktion von Texten (Gedichte, Sketche, Szenen zu Themenkreisen wie: ‚Verhältnis zu den Eltern', ‚Geschwisterbeziehung', ‚Leben in der Schule'. ‚Freundschaften'. ‚Liebe'...), Komposition von Liedern, Szenenmusik, Werken zu o. g. Themen, Bühnenarbeit Aufwärmübungen, Einführung in die Theaterarbeit, theatrale Gestaltung einzelner Sketche und Szenen). Organisation: Eine Intensivstunde ‚Einführung in die wichtigsten Formelemente der Musik', zwei Stunden kreative Übungen mit verschiedenen Musikinstrumenten, drei Stunden Bühnenarbeit, drei Stunden Textproduktion und Diskussion der Texte, eine Stunde Spezialförderung (kreatives Schreiben und Rechtschreibung, Grammatik, Zeichensetzung) auf freiwilliger Basis."

5.5 Bemerkungen zu den einzelnen Schwerpunkten
5.5.1 Textproduktion

„Die Basis für die Textproduktion ist ein Kurs ‚Kreatives Schreiben', der mindestens einmal wöchentlich eine Stunde stattfindet. Der Kurs ist angelehnt an die Methode der gelenkten Assoziation von Gabriele Rico." Bei ihrer ‚Clustermethode' geht man von einem Kernwort aus, assoziiert dazu, bis sich eine Schreibidee einstellt und der erste Satz entsteht. Der wird dann zu einem Text ausgebaut, wobei die Textsorte freigestellt ist. Der fertige Text wird überarbeitet. Dazu erhalten die Schüler und Schülerinnen kleine Anregungen wie: „den Text abzurunden, wiederkehrende Elemente einzubauen, Widersprüche und Bilder zu entwickeln. [. . .] Am Ende der jeweiligen Produktionsphase (maximal 2 Schulstunden, eher 1) werden die Produkte intensiv diskutiert. Im Laufe der Diskussionen entwickelt sich ein Kriterienkatalog für die Besprechung, und die Schülerinnen und Schüler lernen am eigenen Produkt literarische Mittel und Kriterien der ästhetischen Wertung kennen: Grundbegriffe der Analyse des Inhalts, des Verses, sprachlicher Formen und Strukturierungsfragen. Sie entwickeln eine emotionale Beziehung zur Sprache und haben Spaß an der Reflexion ihrer Werke.

Für die Verwendung der Texte werden im Laufe der Produktion unterschiedliche Ziele festgelegt:
- Aus geeigneten Texten (Szenen und Gedichte) wird eine Dramaturgie entwickelt,
- einige Texte werden vertont,
- zu speziellen Themen werden Texte für Wettbewerbe produziert (Bremer Literaturwettbewerb für Schülerinnen und Schüler, ‚Treffen junger Autoren‘ in Berlin),
- einschneidende Erlebnisse wie der Golfkrieg werden im Projekt ausgedrückt."

5.5.2 Klangexperimente und Bühnenmusik

Man kann in der Oberstufe die Hörgewohnheiten der Schüler nicht durchbrechen. Um von der rein ästhetischen Wahrnehmung von Musik einmal wegzukommen, empfiehlt sich deshalb die Verbindung von Musik und Szene. So wurde der gesamten Drogenszene ein einziger ‚fieser‘ Ton unterlegt: „unglaublich, wie entnervend ein einzelner konstanter Ton sein kann! Unter dem Eindruck dieser Szene wurden die SchülerInnen mutiger im Umgang mit den musikalischen Mitteln. So wurde es ihnen nach anfänglichen Hemmungen ganz selbstverständlich, bei der musikalischen Gestaltung ihre bisherigen Geleise zu verlassen und mit Dissonanzen, Clustern, Verfremdungen, Zitat- und Collagetechnik umzugehen, da ein Gefühl, ein Gedicht oder eine Szene der Kristallisationspunkt der musikalischen Arbeit war. Anfangs bestand die Gefahr, Szenen und Gedichte fast wörtlich in Musik zu ‚übersetzen‘, also ständig illustrierende Musik zu schreiben. Erst bei der Besprechung der Kompositionen wurde deutlich, wie unerläßlich es ist, nur die Grundstimmung, das zentrale Element eines Textes zu ‚musikalisieren‘.
Eine weitere wichtige Voraussetzung für die musikalische Arbeit ist die Keyboardanlage. [. . .] Es hat mich überrascht, wie selbstverständlich und unkonventionell die SchülerInnen an diesen Apparaten gearbeitet haben."

5.5.3 Bühnenarbeit

Zunächst wurden Vorübungen gemacht, die der Sensibilisierung und dem Abbau von Berührungsangst dienten. Danach wurden vier Themenkomplexe szenisch bearbeitet: ‚Elternhaus‘, ‚Politik und Gesellschaft‘, ‚Beziehungen und Liebe‘, ‚Schule‘. „Gleich zu Anfang stellte sich die Frage, wie eine solche Szenenvielfalt zusammenhängend auf die Bühne gebracht werden kann ohne eine Vielfalt von Requisiten, Möbelstücken, Kulissenteilen und Kostümen. Wir einigten uns darauf, sparsam, nur mit den Ausdrucksmitteln unserer Sprache und unseres Körpers zu arbeiten und immer alle gemeinsam auf der Bühne zu sein. Die einzelnen Szenen werden durch bewegte Körperbilder gestützt und miteinander verbunden. Die wenigen Requisiten befinden sich während der ganzen Aufführung für den Zuschauer sichtbar auf der Bühne. Es handelt sich um eine durchsichtige und offene Form der Theaterarbeit."

5.6 Ergebnisse des Projekts

„Die Ergebnisse sind vielfältiger Art:
- ein Tagebuch (gestaltet mit Bildern . . .) von der Kindergartenerkundung
- die Organisation eines Elternabends
- Klausuren. Im Fach Deutsch waren dies:
  Verlaufsprotokoll und Ergebnisprotokoll
  Szenen- und Gedichtproduktion zu einem Kernwort
  Gedichtinterpretation
  Gestaltung eines Textes für das Programmheft
Die Klausuren konnten erstaunlicherweise relativ reibungslos in das Projekt integriert werden.
- Aufführung einer Theater-Klang-Collage gegen den Golfkrieg
- Produktion einer Fülle von Texten, Melodien, Klangcollagen, Kompositionen
- als Endprodukt des Projekts die Theater-Musik-Collage ‚Gemischte Gefühle' (Premiere am 7. 6. 91 in der Aula der Schule)"

5.7 Eine Schülerin gibt eine Einschätzung des Projekts

„Mannohmann, wer hätte das gedacht am Anfang der 11. Klasse, was für tolle Dinge da auf uns zukommen sollten? Als ich von diesem Deutsch-Musik-Projekt hörte, verließ ich kurzentschlossen meinen Deutschkurs und siedelte über, denn ich dachte mir schon, daß das wohl eine einmalige Chance sein würde – Texte schreiben, Musik und Theater spielen – und das alles auf einmal!? Aber hallo! So kam ich also erst später dazu und kannte keinen einzigen meiner neuen Mitschüler.
Aber (es ist kaum zu glauben) nach kurzer Zeit schon fühlte ich mich sauwohl, was nun der ausschlaggebende Faktor war, aber ich habe oft das Gefühl, daß sich in unserem Projekt die unterschiedlichsten, gegensätzlichsten Leute gefunden und mit jedem Tag ein Stückchen mehr zusammengerauft haben, so daß es sich wirklich gut aushalten läßt. Vielleicht kommt das, weil wir alle immer im Hinterkopf haben, daß wir irgendwie echt was Besonderes sind, eben kein stinknormaler Deutschkurs, sondern eben das Projekt.
Jeder von uns hat, glaube ich, einen ganz gewaltigen Schritt in seiner/ihrer Entwicklung getan beim Schreiben von Szenen und Gedichten, besonders aber auch beim Schauspielern, beim Umsetzen von Sprache in Musik und beim Umgang mit anderen Menschen. Eine Zeitlang waren die meisten von

uns wie im Fieber, haben geschrieben und geschrieben wie die Besessenen, und ein Text war besser als der andere. Mit jedem Gedicht hatte ich das Gefühl: ‚Ich komme vorwärts. Meine Sprache wird besser, präziser, aussagekräftiger.‘ Und nicht nur das, sondern durch das Umsetzen von Gedanken in Texte konnte ich, und ich denke, nicht nur ich, plötzlich auch viel besser fertigwerden mit den Sachen, die mich beschäftigten oder belasteten. Wenn ich zum Platzen vollgestopft war mit Wut oder Verliebtsein oder Lachen oder Weinen, dann habe ich geschrieben und mich gleich leichter gefühlt. Vor allem hatte ich das Gefühl, die anderen interessieren sich nicht nur für sich selber und ihre eigenen Probleme, sondern sie wollen was wissen über andere, interessieren sich auch für sie, fühlen mit. Sowas gibt auch Sicherheit.

Ein Projektabschnitt war irrer als der andere. Erst die Kindergartenbesuche, dann die Text- und Musikproduktion und jetzt der Schwerpunkt Theater. Die gemeinsame Arbeit und damit verbunden der Spaß an der Sache, ähnliche Interessen und die Sympathie für die anderen haben uns mit der Zeit ziemlich zusammengeschweißt. Jeder einzelne ist Teil unseres Ganzen, und weil wir über unsere Produkte, Texte, Musik und Spiel reden, bringen wir uns auch immer wieder gegenseitig auf neue Ideen, stellen Fragen, helfen uns. Dazu kommt, daß wir auch mit anderer Literatur, Musik und anderem Theater anders umgehen, viel aufmerksamer und immer auf der Suche nach neuen Ausdrucksformen als Anregung für wieder was Eigenes, ständig auf der Suche nach dem eventuell versteckten Sinn . . .“.

6 Gabriele Winter (Karben): 33 Bilder – 33 Geschichten (78)

6.1 Schule und Klasse: Gesamtschule, 8. Klasse

Bei der Schule handelt es sich um eine kooperative Gesamtschule, bei der Klasse um eine Gymnasialklasse, die aus vierzehn Schülerinnen und Schülern besteht, darunter mehrere mit ausländischen Eltern oder Elternteilen. „Die Klassengemeinschaft ist sehr gut, die Schüler unternehmen auch in ihrer Freizeit einiges zusammen. [. . .] Das allgemeine Leistungsniveau bleibt hinter den Erwartungen zurück. Fachkollegen beklagen sich, daß die Klasse zu langsam arbeitet und daß sie zu kleinschrittig vorgehen müssen. Ich als Klassen-, Deutsch- und Französischlehrerin erlebe meine Klasse als aufgeschlossen, meist lernwillig und fleißig, vermisse aber lebendige Mitarbeit, eigene Ideen und selbständiges Arbeiten. Nur etwa die Hälfte der Schüler liest in der Freizeit regelmäßig. Wortschatz, Grammatik und Rechtschreibung sind ‚wunde Punkte‘ in Deutschaufsätzen und sonstigen Schülerarbeiten. Fehlende Grammatikkenntnisse machen sich natürlich auch in den Fremdsprachen (Englisch, Französisch, Latein) bemerkbar. Die letzte Unterrichtseinheit ‚Satzglieder erkennen und bestimmen‘ wurde (verständlicherweise) nur lustlos angenommen, und auch die Klassenarbeit fiel nicht gerade zufriedenstellend aus.“

6.2 Entstehung des Projekts

„Nachdem wir die Grammatikeinheit abgeschlossen hatten, bat ich meine Schüler, mir doch zu sagen, was sie als nächstes gern im Deutschunterricht durchnehmen würden. Es kamen jedoch nur wenig Antworten: ‚Nicht so was Trockenes!‘ ‚Aber auch keine Literatur; die Interpretationen sind so schwer zu schreiben.‘ ‚Können wir nicht mal was Einfaches und Kurzes lesen? Es darf ruhig spannend und lustig sein.‘

In der vorletzten Unterrichtseinheit hatten wir Goldings ‚Herr der Fliegen‘ gelesen. Die Schüler waren zwar fasziniert von dem Text, sträubten sich aber, ihre guten mündlichen Beiträge schriftlich festzuhalten. Sowie es darum ging, kurze Zusammenfassungen, Inhaltsangaben, Interpretationen zu schreiben, war jegliches Interesse erloschen. [. . .]

‚Wir lernen das Schreiben auf keinen Fall durch Übungen. Entweder man ist in Deutsch begabt, und dann kann man sowieso gut schreiben, oder man ist unbegabt in diesem Fach. Schreiben kann man nicht lernen‘, sagte eine Schülerin, und einige andere stimmten ihr zu.

Daraufhin stellte ich die Frage: ‚Wer von euch schreibt denn überhaupt etwas in seiner Freizeit?‘

Nur zögernd kamen die Antworten. Drei Mädchen meldeten sich. ‚Ich schreibe ab und zu Gedichte, vor allem wenn ich traurig bin.‘ ‚Ich schreibe gerne Briefe.‘ ‚Und ich schreibe auch gern Briefe, vor allem Liebesbriefe!‘ Die meisten Schüler schrieben aber nicht gern in ihrer Freizeit."

Mit diesen Ergebnissen der Aussprache im Kopf stellte sich die Frage: „Welche Unterrichtseinheit konnte ich nur wählen, vorschlagen, die diesmal die Zustimmung der Schüler fand? Ich blätterte in meinen Aufzeichnungen und im Curriculum unserer Schule. Vorgesehen im Jahresplan für die 8. Gymnasialklasse waren noch ‚Erbwort, Lehnwort, Fremdwort‘, ‚Konjunktiv I und II‘, ‚Charakteristik‘, ‚Kurzgeschichte und Erzählung‘, ‚verschiedene Textsorten einer Tageszeitung‘.

Etwas Einfaches und Kurzes wollten meine Schüler lesen, und die schriftlichen Arbeiten sollten nicht normiert sein. Eigentlich wollte ich Kurzgeschichten mit meiner Klasse durchnehmen, aber die wenigsten sind ‚einfach‘ und ‚kurz‘ . . . Und wenn ich sie erst einmal kurze Geschichten schreiben ließe? (Schon wieder schreiben . . .)

Als ich im Bücherschrank blätterte, fiel mir das Buch in die Hände, das ich vor einiger Zeit gekauft hatte, weil mich der Titel ansprach: ‚Zwei Frauen auf dem Weg zum Bäcker‘, erschienen im Dumont-Verlag. Das war es! Spontan faßte ich die Entscheidung, das Buch im Unterricht einzusetzen. Alltagsbilder auf der einen Seite und kurze, nicht zu schwierige Texte auf der anderen Seite. Zu dem jeweiligen Bild, der Momentaufnahme, erzählt die Autorin Pea Fröhlich eine kurze Geschichte, die eine Vorgeschichte und eine Zukunft hat. [. . .] Im Vorwort heißt es: ‚Wir sitzen in der U-Bahn, und uns gegenüber sitzen andere. Wir gehen eine Straße entlang, und vorne steht ein Baum. Wir sehen alles und nehmen nichts davon wahr. Wir sehen Bilder, aber wir nehmen nicht auf, was sie erzählen könnten. [. . .]‘

Ich war sicher, daß die Arbeit und die Auseinandersetzung mit diesem Buch meinen Schülern gefallen würde. Und ich könnte die Unterrichtseinheit ‚Kurzgeschichte' ‚vorentlasten' und schon viele wichtige Kriterien erarbeiten."

6.3 Durchführung

Die Idee des Buches und das Buch wird den Schülern vorgestellt und gefällt ihnen ausgezeichnet. „Zwei Wochen lang arbeiteten sie mit erstaunlichem Eifer an Texten und Bildern, lasen konzentriert, besprachen, kritisierten, fanden bestimmte Gesetzmäßigkeiten, verglichen, ja, spielten sogar auf eigenen Wunsch einige Situationen nach. Schriftliche Hausaufgaben gab ich in dieser Zeit bewußt selten auf.

Am Ende der zweiten Woche freute ich mich über die Bemerkung eines Schülers: ‚Ich wußte überhaupt nicht, daß das Leben so farbig ist. Ich habe nach der Lektüre dieses Buches ganz viele Ideen im Kopf, die rauswollen.'

Am nächsten Tag brachte ich einen Karton voller Bilder mit: Zeitungsbilder, Fotografien, Bilder aus Büchern und Zeitschriften. Was war abgebildet? Nichts Weltbewegendes. Bilder, die man täglich zu Gesicht bekommt. Wortlos kippte ich den Inhalt des Kartons auf den Boden. Spontan griffen die Schüler zu, legten wieder weg, verglichen, tauschten und behielten schließlich das Bild, das ihnen am meisten zusagte.

Das weitere Vorgehen ergab sich von selbst. Keine Diskussionen darüber, ob viel, wenig oder überhaupt etwas geschrieben werden sollte. Alle, wirklich alle, wollten eine Geschichte zu ihrem Bild schreiben.

‚Und dann sammeln wir alle und schreiben selbst ein Buch', sagte eine ausländische Schülerin, und ihre Bemerkung fand begeisterte Zustimmung. So war die Idee zu unserem Projekt ‚Schüler schreiben ein Buch' geboren! Voller Optimismus machten wir uns an die Verwirklichung unserer ehrgeizigen Pläne. [. . .]

Die meisten Schüler der Klasse hatten noch nie aus einem Gefühl heraus statt nach vorgegebenen Regeln geschrieben. Das Ergebnis war dann oft ein fader oder gekünstelter Text und eine schlechte Note dazu. Daß Worte auch von innen kommen können, war ihnen zwar bewußt, doch der Deutschunterricht (auch *mein* Unterricht), der besonders auf Förderung des begrifflichen Denkens ausgerichtet ist, hat ihre kreativen, nach bildhaftem Ausdruck strebenden Fähigkeiten oft blockiert. Originalität, schöpferische Freiheit im Umgang mit Sprache, kreatives Ausdrucksvermögen wurden dadurch merklich eingeschränkt. [. . .]

Durch zeitweilige Entspannungsübungen und ruhige, harmonische Musik im Hintergrund wurden die Schüler ermutigt, ihrer Phantasie freien Lauf zu lassen. Sie standen auch nicht ständig im Blickfeld des Lehrers, sie konnten sich vom Platz bewegen, essen, trinken, hatten keine Angst, etwas Falsches zu sagen oder zu schreiben. [. . .]

Eine weitere wesentliche Voraussetzung für das natürliche, kreative Schrei-

ben ist die Mitwirkung beider Gehirnhälften. [. . .] Um die rechte Gehirn-
hälfte stärker in das Arbeiten miteinzubeziehen, als es sonst in der Schule
üblich ist, hat G. Rico das ‚Clustering' erfunden. [. . .] Nachdem ich meinen
Schülern einige Cluster gezeigt hatte, die G. Ricos Schüler angefertigt
hatten, wollten sie selbst eines zu ihrem gewählten ersten Bild aufzeichnen.
In wenigen Minuten waren die Cluster fertig. [. . .] Michaela, eine begabte
Schülerin, zeigte der Klasse in einer der nächsten Stunden ein Gedicht, das
sie nach dem Cluster mit dem Kernwort ‚Schreiben' gemacht hatte:

Wir denken tausend Gedanken
Und denken doch nichts dabei.
Wir erleben tausend Erlebnisse
Und erleben doch nichts dabei.
Erst aufgeschrieben, mitgeteilt,
Erhalten sie ihre Wichtigkeit
Und werden zu Geschichten.

Ich war erstaunt, in fast allen Texten meiner Schüler ein Gefühl für inneren
Zusammenhang und Geschlossenheit zu erkennen sowie eine nicht vermutete Sensibilität für Sprachrhythmus, Klang und gezielte Wiederholungen.
Die Schüler brachten bald eigene Bilder mit, die sie zum Schreiben anreg-
ten. So entstanden mit der Zeit viele verblüffend gute Geschichten, die nach
und nach sauber abgetippt wurden. [. . .]
Aus ungefähr 50 Texten/Bildern wählten wir schließlich gemeinsam 33 aus,
die in unserem Buch erscheinen sollten. Bis auf eine Schülerin, die auf
eigenen Wunsch nur mit einer Geschichte vertreten war, hatten alle Schüler
jeweils zwei oder sogar drei Geschichten zum Druck gegeben. Der Kunst-
lehrer entwarf das Deckblatt, und wir formulierten den endgültigen Titel:
‚33 Bilder 33 Geschichten'.
Um das Buch noch etwas umfangreicher und ‚gehaltvoller' zu gestalten,
suchten einige Schüler mit mir zusammen in der Bibliothek nach Sprüchen,
Aphorismen und Gedichten, die das Fabulieren, Lesen, Erfinden oder
Schreiben zum Thema hatten.
Wieder andere Schüler gingen nachmittags mit mir zu Firmen und Geschäften, um Spenden zu bekommen oder Werbungsseiten zu verkaufen, mit
denen der Druck finanziert werden sollte.
Es wurden eifrig Ankündigungsplakate gemalt und Presse-Interviews gegeben. Auf unserem Jubiläums-Schulfest sollen mehrere hundert Bücher
verkauft werden."

6.4 Rückblick und Einschätzung des Projekts

„Aus Lehrersicht kann ich sagen, daß das Projekt phantastisch gelaufen ist.
Arbeiten und Lernen waren in diesem Projekt spontane, offene, experimentierende Tätigkeiten, die wenig reguliert wurden von Lehrererwartungen,
weniger orientiert waren an Lernzielbestimmungen als vielmehr motiviert

durch Neugier, Engagement und Lust an Selbstverwirklichung. Das schließt jedoch nicht aus, daß eine Fülle von Lernzielen erreicht wurde:
- Die Schüler lernten bei diesem Projekt, ihre Persönlichkeit autonom und selbstkritisch zu entfalten und personale Identität zu entwickeln,
- sie entwickelten kritische Mündigkeit, die es ihnen ermöglichte, eigene Interessen angemessen durchzusetzen, aber auch sozial verantwortlich zu handeln und soziales Engagement zu entwickeln,
- weiterhin entwickelten sie Toleranz, Kompromißbereitschaft und Kooperationsfähigkeit, die zur konstruktiven Zusammenarbeit mit anderen Menschen und zur Bewältigung von Konflikten notwendig sind.

Doch auch viele fachspezifische Lernziele wurden erreicht:
- Die Schüler erkannten, daß die Beherrschung der Rechtschreibung, Grammatik und Zeichensetzung ebenso wie eine dem jeweiligen Verwendungszweck entsprechende Ausdrucksfähigkeit, Stilistik und sachlogische Strukturierung unabdingbare Voraussetzungen für die Gestaltung wirkungsvoller Texte sind.
- Gleichzeitig erkannten sie auch, daß es neben den mehr oder weniger objektiv normierten, zweckgerichteten Formen der schriftlichen Kommunikation auch nicht normierte Formen des Schreibens als Phantasietätigkeit gibt, die einen spielerisch-kreativen Umgang mit Sprache erlauben.
- Sie machten alle große Fortschritte im anschaulichen Erzählen, in der Lebendigkeit und Individualität des Ausdrucks. [. . .]
- Sie lernten, die Empfänglichkeit ihres bildlichen Denkens für Bilder, Muster und ästhetische Wirkung zu nutzen. [. . .]
- Und zum Schluß das schönste Lernziel: Die Schüler erfuhren, daß die Beschäftigung mit Literatur nicht nur rationalen Zwecken dienen muß, sondern sehr wohl einfach Freude und Genuß vermitteln kann."

7 Hella Völker (Bielefeld): 5 × Rotkäppchen – Ein Theaterprojekt (72)

7.1 Schule und Klasse: „Laborschule" (Gesamtschule), 6. Klasse

„An der Laborschule gibt es keine äußere Differenzierung nach Leistung, und die Einteilung in Fächer ist ersetzt durch Erfahrungsbereiche, die ein projektorientiertes Arbeiten ermöglichen und erleichtern.
In die Klasse gehen zum Zeitpunkt der Aufführung 21 Kinder, 9 Mädchen und 12 Jungen, im Alter von 10 bis 12 Jahren. Zwei Mädchen sind erst später dazugekommen, im dritten und vierten Schuljahr, und sind mit ihren vierzehn Jahren deutlich älter als die anderen. Beide sind eher lernschwach und würden im Regelschulsystem vermutlich die Sonderschule besuchen. [. . .] Die Schüler kennen sich ziemlich gut und sind darauf eingestellt, in Arbeitsgruppen oder ‚Versammlungen' (d. h. Betreuungssituationen) aufeinander einzugehen und miteinander zu kooperieren. So war die Ausgangssi-

tuation für das Theaterprojekt von vorneherein klar – alle Kinder sollten beteiligt sein bei Planung und Durchführung dieses Unterrichtsprojekts. Das erleichterte z. B. die Rollenverteilung, da das Vorschlagsrecht auf Wunsch der Kinder unbedingt der Lehrerin überlassen wurde."

„Das Projekt ist im Deutschunterricht (2 Wochenstunden zu 60 Minuten) begonnen und dann auf die Bereiche Sozialwissenschaften und Kunst (an der Laborschule heißt der Bereich: ‚Wahrnehmen und Gestalten') ausgedehnt worden, so daß in den vier Wochen bis zur ersten Aufführung 7 Wochenstunden zur Verfügung standen."

7.2 Entstehen der Projektidee

„Die Entscheidung für dieses Projektthema hatte ganz unterschiedliche Hintergründe. Einmal war seit Beginn dieses Schuljahres klar, daß in den Wochen vor Weihnachten nach verschiedenen Übungsphasen über Wortarten und Satzteile und nach Unterrichtsthemen, die eher auf Lernen und Wissen ausgerichtet waren, nun eine produktorientierte Phase folgen sollte. In dieser Klasse bedeutete das Theaterspielen – entsprechend der ausdrücklichen Neigung der Kinder.

Es gab verschiedene Vorschläge, z. B. Christine Nöstlingers Geschichte ‚Konrad aus der Dose', die von der Lehrerin Hella Völker als Theaterstück umgeschrieben worden war. Aber diese Geschichte erschien den Kindern zu beziehungslos zu ihrer eigenen Lebenssituation, und sie überließen das Stück der Parallelgruppe, die es dann am gleichen Abend aufführte wie meine Klasse das Rotkäppchen. Diese 5 Märchenfassungen ergaben sich aus der Büchervorstellung der Schülerin Ines. Auch in diesem Schuljahr stellten nämlich alle SchülerInnen ein Buch ihrer Wahl vor. Das läuft so ab: Die SchülerInnen machen einige Angaben zum Inhalt, geben ihre persönliche Einschätzung zu diesem Buch ab und wählen eine Passage des Buches zum Vorlesen aus, wenn ihnen das Buch besonders gefällt.

In dieser Altersstufe nehmen die LehrerInnen nur vorsichtig Einfluß auf die Auswahl der Bücher, und so reicht das Repertoire der Kinder von ‚Asterix' bis ‚Momo', von ‚Superoma, Superstar' (von Forest Wison) bis eben zu ‚Kishons beste Familiengeschichten' von Ephraim Kishon, das von Ines vorgestellt wurde. Ines hatte sich zum Vorlesen die Geschichte ‚Schreckensrotkäppchen' ausgesucht und las die Geschichte von Frau Popper, die ihrem zu sittenden Baby eine Alptraumvision des Märchens Rotkäppchen erzählt, ganz ernst vor, während allen anderen die Lachtränen übers Gesicht liefen, einschließlich der Lehrerin. Und dann ergab eine Idee die nächste. ‚Das kann man auch gut spielen', sagte Ines. ‚Ich möchte gerne mal ein richtiges Märchen spielen, so richtig schön kitschig', sagte Janne. ‚Ich kenne auch noch eine Fassung des Rotkäppchens, das sind alles Werbesprüche', damit spielte Fabian auf die Fassung von Taddäus Troll an. Und so entstand sehr schnell der Plan, nach Materialien zu suchen zu diesem Thema bzw. eine eigene Version zu entwickeln."

7.3 Durchführung
7.3.1 Die Rotkäppchen-Texte entstehen

„In der nächsten Stunde wurde dann das Originalmärchen gelesen und besprochen. ‚Schön kitschig‘, hatte Janne gesagt, und das schien den anderen nur teilweise zu stimmen. Die Kinder suchten in ihren Tischgruppen durch Unterstreichen und Notieren von Stichpunkten heraus, was denn ‚märchenhaft‘ und damit nicht real war. ‚Tiere können nicht sprechen‘, fand Jonni heraus. ‚Da gibt es nur ganz liebe und gute Menschen und dann den bösen Wolf. Und die Guten überleben immer, obwohl sie eigentlich tot sind.‘ Das schrieb Julia auf. ‚Ich finde das Märchen schön‘, sagte Svenja. ‚Mir gefällt nicht, daß Rotkäppchen gleich eine Strafe kriegt, weil es nicht folgt‘, schrieb Jakob auf, ‚das ist mir zu moralisch‘. ‚Das ist nicht moralisch‘, erklärte nun Lisa in der anschließenden Diskussion, ‚sondern romantisch‘. Damit war auch der zeitliche Aspekt angesprochen. ‚Könnte so ein Märchen auch heute geschrieben werden?‘ fragte die Lehrerin. Die Kinder fanden schnell heraus, daß Märchen heute ganz anders sind und sehr viel zu tun haben mit den Vorstellungen und Umständen der Zeit, in der sie erzählt oder aufgeschrieben werden.
Der nächste Schritt war klar. Die Kinder überlegten sich in kleinen Arbeitsgruppen – also zu zweit oder maximal zu dritt –, in welchen Zusammenhang sie ihre Rahmengeschichte von Rotkäppchen stellen wollten. Dabei war klar, daß vor allem die Möglichkeiten einer Veränderung von Zeit und Raum in Frage kamen. Zwei der vorausgegangenen Projekte ‚Evolution‘ und ‚Leben in der Steinzeit‘ tauchten wieder auf, als Shirley und Lisa ihre Geschichte ‚Rotbeulchen‘ nannten, wobei die Beule von einem Stein aus der Steinzeit stammte. Bei ‚Rotkäppchen bei den Dinosauriern‘ ersetzte der ‚Tyrannosaurus‘ den Wolf, aber diese Geschichte wurde nie fertig, weil keine Menschen darin unterzubringen waren. Ines und Julia versetzten ihr ‚Rothäubchen‘ in das höfische Leben des Mittelalters und suchten sich sogar zwei mittelhochdeutsche Anreden heraus, um ihre Geschichte noch stilechter zu machen. Gunnar und Philipp wählten zusätzlich die andere Möglichkeit, den Wechsel des Orts, sie verlegten ihr Märchen nach Ostwestfalen und ließen die Personen lippisch fühlen, denken und vor allem auch sprechen. So hieß ihre Geschichte denn ‚Rotkäppi‘, denn ‚es war einmal ein kooles Weib mit einem roten Cappi; ihre Alte hat sie mit einem Stück Eistorte und ner Pulle Schluck zu ihrer Großomma geschickt . . .‘. Diese Fassung wurde sofort zum Lieblingsmärchen der Lehrerin, und auch bei den Kindern kam sie gleich nach der Kishon-Version.
Während die Kinder völlig selbständig und kreativ ihre Geschichten schrieben, forschte die Lehrerin nach weiteren Vorlagen zu diesem Thema. In den folgenden beiden Stunden wurden alle Versionen vorgelesen und zwei sofort ausgewählt: Rotkäppi und Fabians Rock-Käppchen, eine Super-Hifi-Technik-Fassung, die darüber hinaus mit Werbesprüchen gespickt war. Die anderen Fassungen wurden ernsthaft erwogen und dann abgelehnt, weil sie den Kindern vom Bühnenaufbau und von der Technik her nicht realisierbar

erschienen. Zusätzlich wurde noch die Rotkäppchen-Geschichte von Bernhard Schindler ausgewählt, in der beschrieben wird, wie es Rotkäppchen wohl heute gehen würde. Damit standen also die Rahmengeschichten fest, aber der nächste Arbeitsschritt erforderte vermehrt die Mitarbeit und das Engagement der Kinder, die möglichst auch in den einzelnen Fassungen spielen würden."

7.3.2 Die Rahmengeschichten werden zu Theaterszenen umgeformt

„Während es in den Arbeitsschritten bis zu diesem Punkt vor allem darum ging, die geeignete Sprache zu wechselnden zeitlichen, gesellschaftlichen und örtlichen Bedingungen und Situationen zu finden und für eine ganze Geschichte auch durchzuhalten, mußte jetzt die Umformung von einer erzählenden in eine szenische Schreibweise erfolgen.

Obwohl die Kinder natürlich genau wußten, wie ein Dialog oder eine szenische Anweisung für ein Theaterstück aussehen, mußte ihnen diese Textform noch einmal so bewußt werden, daß sie diese für ihre eigenen Texte anwenden konnten. Die Lehrerin schrieb deshalb eine Rohfassung des Schindlerschen Rotkäppchens, die nun auch gleich einen anderen Namen bekam: ‚Rotkäppchen modern oder wie es weitergeht.‘ Gleichzeitig mit diesem Text gab es Vorschläge der Lehrerin, welche Kinder welche Rollen in den einzelnen Fassungen spielen sollten. Diese Kinder sollten dann für die jeweilige Version auch verantwortlich sein. Vorausgegangen war eine Umfrage, wobei jedes Kind sein Lieblingsstück sagen konnte. Dabei war dann glücklicherweise und wie erwartet das bereits fast fertige Stück über das moderne Rotkäppchen ein Renner, so daß die Lehrerin dort sehr viele Besetzungsvorschläge unterbringen konnte, auch für die SchülerInnen, für die eine große Rolle wohl überfordernd gewesen wäre.

Bei den Vorschlägen wurden vor allem die Kinder berücksichtigt für die einzelnen Fassungen, die auch daran geschrieben hatten. Alle Kinder waren mit den Vorschlägen einverstanden, und die Umformung ging erstaunlich schnell. Wirkliche Probleme machte nur das ‚Rockkäppchen‘, da dort die Wortwitze und die ironisch gesetzten Werbesprüche sich kaum für Dialoge eigneten. Die Kinder beschlossen also, diese Version mit raffinierten akustischen Gags zu versehen und im Playback aufzuführen. Dabei sollten die Aktionen nur pantomimisch angedeutet werden. Die Originalfassung von Fabians Rock-Käppchen sah so aus:

Rock-Käppchen

Eines öden miesen Freitags saß Rock-Käppchen mit ihrer sexy roten Kappe mit dem weißen Totenkopf darauf bei ihrer Super-Hifi-Stereoanlage und hörte sich die neuen Top-Ten an, als plötzlich ihre Mutter hereinbrach. Wie immer eilte ihr eine Alkoholfahne voraus.

‚K... Ki... Kind... ch...chen, hips, hi... hier hassu 'nen Korb mit f... fei...feinen Ssachen, hips. Opium für den Darm, Uhu fürs Hirn, Haschisch für die Lunge und 'ne Pulle Schnaps für dich. Bring's Omi!‘

‚O. K., Olle', und sie fetzte nach dem Takt des Super-Top-Ten-Hits: ‚. . .' aus dem Fenster auf ihren Super-Honda-Feuerstuhl mit Drei-Wege-Anti-Kat und brauste dank dem superquickdimensionalen Schaltsystem mit 36,3 km/h davon.

Doch die Produktion eines Hörspiels gelang nicht so gut wie erwartet, und so saß Fabian bei der ersten Aufführung (die als öffentliche Generalprobe deklariert wurde, mit der Bitte an das Publikum für Änderungsvorschläge) neben seinem Tonbandgerät, und das Publikum schwieg höflich und gelangweilt. Die anderen vier Stücke jedoch waren gut gelungen, es gab Gelächter und viele Vorschläge, was man verbessern könnte."

7.3.3 Von der Rohfassung zur gelungenen Aufführung

„Die Generalprobe mit Zuschauern hatte kurz vor den Weihnachtsferien stattgefunden, und alle Beteiligten hatten Zeit, noch einmal über die verschiedenen Fassungen nachzudenken. Denn die Aufführung sollte bei der vom Stadttheater veranstalteten Schultheaterwoche gezeigt werden, und darüber hinaus war eine Bewerbung für den nordrhein-westfälischen Theaterwettbewerb für Schulen erfolgt. So ging es nach den Weihnachtsferien erneut an die Arbeit. Fabians Version mußte ganz umgeschrieben und die Reihenfolge der Fassungen noch einmal überdacht werden, die Übergänge gefielen uns nicht, und beabsichtigte Wirkungen und Pointen und einige Texte waren nicht gelungen und zu undeutlich.

Jetzt wurde jeweils nur mit einer Gruppe intensiv geprobt, während die anderen an Deutschaufgaben aus dem Bereich Rechtschreibung, Zeichensetzung und Grammatik arbeiteten. (Das klappte sogar.)

Die zweite Aufführung im Januar gefiel den Kindern und den Zuschauern wohl besser, aber sie waren immer noch nicht zufrieden. Und dann am Abend – bei der Schultheaterwoche – stand die Aufführung (die Generalprobe am Vormittag auf der ungewohnten Bühne ging notwendigerweise schief). Aber während der Aufführung selbst merkte man den Kindern die Spielfreude und die Identifikation mit ‚ihrem' Rotkäppchen deutlich an, und das übertrug sich dann auch auf das Publikum. Für das Landestheatertreffen kamen die Kinder zwar in die engere Wahl, aber sie wurden nicht ausgewählt, eine Tatsache, mit der sie sehr sachlich und verständig umgingen, und sie fingen sofort an, für das nächste Jahr zu planen.

In der abschließenden Besprechung erklärten alle Kinder, daß sie zwar manchmal zwischendurch keine Lust mehr hatten, aber daß ihnen dennoch die Aufführung und vor allem auch die Arbeit und die Proben vorher sehr wichtig gewesen sind und viel Spaß gemacht haben. Daß sie dabei auch viel lernen würden, war eigentlich allen schon vorher klar."

7.4 Ein Beispiel für die Ergebnisse: „Rotkäppi

Szene 1: Bei Rotkäppi
(Moderne Omi mit weißem Lockenkopf und Pop-Nachthemd kommt auf die Bühne.)

Oma: Von wegen gebrechliche alte Oma, die war aber bestimmt nicht aus dem Lipperland. *(Sie setzt sich auf den Schaukelstuhl und lächelt dem Publikum zu.)* Es war einmal ein kooles Weib mit einem roten Käppi; ihre Alte hat sie mit einem Stück Eistorte und ner Pulle Schluck zu ihrer Großomma geschickt.

Mutter: Rotkäppi, komma inne Kochraum.

Rotkäppi: Was hasse denn?

Mutter: Du mußt ma wieda zua Omma, denn die braucht wieda wat zum Futtern.

Rotkäppi: Was hasse denn füre Omma?

Mutter: Ne Lagnese Eistorte und ne Pulle Schluck!

Rotkäppi: O. K.

Szene 2: Im Wald

Mutter: *(Oma steht auf, geht in ihre Hütte und legt sich ins Bett. Mutter setzt sich in den Schaukelstuhl.)* Rotkäppi schmeißt sich auf ihr Treck Mountainbike und fetzt inne Wald rinne. Plötzlich turnt ein Wolf ausn Wald. Wolf im Jogging-Anzug läuft aus dem Wald.

Rotkäppi: Was issn das fürn Viech?

Wolf: Rotkäppi, was hasse denn in deinem Hip-bag drinne?

Rotkäppi: Ne Eistorte und ne Pulle Schluck!

Wolf: Wo wolsten damit hinne?

Rotkäppi: Zur Großomma, weißte, die ist scheiße dran, und die braucht wat zum Futtern.

Wolf: Wo isn die Bude von deina Großomma?

Rotkäppi: Untern paar großen Eichen. Ach weißte, ich laß nochn paar Stöckel mitgehen, di geb ich dann meina Omma.

Wolf: Ciao, Rotkäppi.

Szene 3: Bei der Großomma

Mutter: Und der Wolf rennt wech. Als Rotkäppi fertich is, setzt sie sich auf ihr Mountain Bike und gibt Gas. Der Wolf kommt aber als erster bei der Bude voner Omma an.

Wolf: Ey, Alte, mache Tür auf.

Omma: Is uff.

Mutter: Der Wolf macht nen Sturzflug aufe Omma und frißt se auf ex. Dann zieht sich der Wolf das Cappi vona Omma übern Kopf, und die anderen Klamotten zieht er sich au noch an. Und er deckt sich mitta Decke zu. Rotkäppi macht nu ne Vollbremsung vorn Haus.

Rotkäppi: Hey, Omma, mache Tür offen.

Wolf: Is offen.

Rotkäppi:	Dann gehe ich mal inne Bude rin. *(Sie sieht den Wolf.)* Hey, Omma, was hasse denn für große Glubschis?
Wolf	*(mit verstellter Stimme):* Damit ich dich besser sehen kann.
Rotkäppi:	Was hasse für große Finger?
Wolf:	Damit ich dich besser packen kann.
Rotkäppi:	Ey, Omma, was hasse denn für ne große Fresse?
Wolf:	Damit ich dich besser mampfen kann!
Mutter:	Der Wolf will sich gerade auf Rotkäppi stürzen, doch da zückt sie ihr Super-Klappmesser mit einer 30 Zentimeter langen Klinge und sticht den Wolf innen Hals. Danach holt Rotkäppi ne Gartenschere außer Gartenbude und schneidet den Wolf auf und holt die Omma wieder an Tag. *(Omma kommt raus und macht Freiübungen.)*
Omma:	Was hasse mir denn Geiles mitgebracht?
Rotkäppi:	Ne Langnese Eistorte und ne Pulle Schluck.
Omma:	Dann laß uns mal ein bißchen fressen und suppeln und tu die Stöckel inne Vase."

8 Inge Pfeufer (Halberstadt, Sachsen-Anhalt): Von der Quelle zum Meer (50)

8.1 Schule und Klasse: Grundschule, 4. Klasse

„Das Projekt wurde mit sieben schwerhörigen Schülern (4 Jungen und 3 Mädchen) einer 4. Klasse im Landesbildungs- und Beratungszentrum für Hörgeschädigte durchgeführt. Alle Kinder besitzen eine gute Lerneinstellung. Der Leistungsstand der Klasse ist sehr unterschiedlich. Es sind zwei leistungsstarke Schülerinnen, vier Schüler mit einem normalen Leistungsvermögen und eine schwache Schülerin in der Klasse."

8.2 Entstehen des Projekts

Das Thema wurde von der Lehrerin ausgewählt und der Klasse angeboten. Dafür waren drei Gründe entscheidend:
- Die Rahmenrichtlinien für die Grundschule schlagen das Thema ‚Wasser' vor,
- man kann an die Erfahrungen der Schüler anknüpfen (Bedeutung des Wassers für das Leben und im Alltag),
- man kann die Schüler gut zum Lernen motivieren, indem man mit ihnen die Schule verläßt (Unterrichtsgänge, Exkursionen, Erkundungen), indem man ihr Interesse an ihrer Heimat nutzt und indem man fachübergreifend arbeitet.

„Es war eine Herausforderung, einmal eine Unterrichtsform zu wählen, bei der die Schüler selbst planen, diskutieren, basteln, malen, erkunden und sammeln und so auf lebendige Weise lernen können. Es sollte die handlungsorientierte Unterrichtsarbeit betont werden, die den Schülern mehr Raum für selbständiges, lebensnahes und entdeckendes Lernen läßt."

8.3 Planung des Projekts

„Wir steckten zunächst einen zeitlichen und inhaltlichen Rahmen für die Auseinandersetzung mit dem Projekt ab und entwickelten einen Plan. Diesen schrieben wir an die Tafel, und jeder Schüler suchte sich mindestens ein Thema aus, worüber er am letzten Tag, an dem die Auswertung erfolgen sollte, sprechen wollte. Das ist besonders wichtig, um das neue Wissen anderen Personen mitzuteilen.
‚Plan

1. Besichtigung des Klus-Wasserwerkes *Steffen*	Montag, 11. 3. 91
2. Besichtigung des Müllplatzes *Stephan*	Montag, 18. 3. 91
3. Kläranlage *Jens*	Dienstag, 12. 3. 91
4. Bauen eines Modells *Stephan*	Freitag, 15. 3. 91
5. Wandbild *Dagmar, Sandra*	Donnerstag, 14. 3. 91
6. Mathematikaufgaben *Christian*	Dienstag, 19. 3. 91
7. Wurmfarm *Steffen*	Donnerstag, 14. 3. 91
8. Baumgestaltung *Dagmar*	Dienstag, 12. 3. 91
9. Musik *Ramona*'"	Donnerstag, 14. 3. 91

8.4 Durchführung des Projekts

Vorbereitung:
„Zu Beginn des 2. Schulhalbjahres wurde mit den Schülern über das Thema gesprochen und der Termin festgelegt. Dadurch sollte erreicht werden, daß die Schüler nicht nur das Projektthema in die Hand bekamen, sondern Zeit und Gelegenheit zur Information, Beratung und Meinungsbildung hatten und sich mit ihren Eltern darüber austauschen konnten."
Es standen insgesamt acht Schultage mit durchschnittlich vier Stunden zur Verfügung.

Zunächst wurden die Videofilme ‚Fließgewässer' und ‚Luft ist Leben' bei der Kreisbildstelle bestellt und die Kassette ‚Komm mit zur Quelle' überspielt.

Dann wurde mit den Musik-, Sport-, Werken- und Kunsterziehern der Primarstufe sowie zu den Geographie- und Chemielehrern der Sekundarstufe Kontakt aufgenommen; außerdem wurden Absprachen mit dem Wasserwerk, der Kläranlage und der Mülldeponie getroffen.

Schließlich wurden die Schüler aufgefordert, thematisch einschlägige Bücher von zu Hause mitzubringen oder aus der Bibliothek auszuleihen. „Jeder durfte sich aussuchen, wann und was er lesen wollte, überlegte, ob er vorlesen oder nacherzählen und ob er allein oder mit mehreren arbeiten wollte. Dieses galt auch für den Freizeitbereich am Nachmittag, am Abend oder für das Wochenende.

Verlauf der Projekttage:

Wir begannen mit einer Exkursion zur Ypsilantiquelle, die in der näheren Umgebung von Halberstadt liegt.

Die Schüler wußten bereits, daß der Goldbach in die Bode, die Bode in die Elbe und diese in die Nordsee fließt. So lernten sie neu hinzu, daß das Wasser dieser Quelle ebenfalls in den Goldbach mündet.

Anschließend besichtigten wir das Klus-Wasserwerk von Halberstadt und den Hochbehälter hinter dem Felsenkeller. Hier wurde ihnen genauer erläutert, wie das Wasser gefördert, aufbereitet und verteilt wird. Ebenfalls erfuhren sie, wo es liegt, wie es entstanden ist, was ein Wasserwerk überhaupt ist und wie das Wasser in die Häuser gelangt. Wir ließen uns eine Wasserprobe geben und ergänzten etwas später einen Lückentext.

Bevor wir in die Schule zurückgingen, holten wir uns eine zweite Wasserprobe aus dem Goldbach, der neben unserer Schule fließt. Am nächsten Tag besichtigten wir das Klärwerk in Halberstadt. Hier gab es für die Schüler viel zu sehen, und sie erfuhren, wie die Abwässer durch unterirdische Anlagen an den Rand der Stadt geleitet werden und daß die größte Verschmutzung des Wassers von der Industrie kommt. [...]

Wir statteten unserer Internatsküche einen Besuch ab und befragten die Küchenkräfte, was mit den Abfällen und dem anfallenden Müll passiert. Anschließend sahen wir uns auf dem Hof die großen Container und ihren Inhalt an. [...]

Wir wissen, daß Luft genauso wichtig für das Leben wie Wasser ist, deshalb sahen wir uns einen weiteren Videofilm an, durch den die Kinder über die Luftverschmutzung aufgeklärt wurden. In einem Versuch mit weißem Papier und Folie wurde dieses den Schülern noch einmal verdeutlicht.

Im Mathematikunterricht stellten wir Vergleiche an und bildeten Sach- und Textaufgaben als Anwendungsaufgaben. [...]

In einer gemeinsamen Unterrichtsstunde mit einer 5. Klasse sahen wir uns zuerst das verschmutzte Wasser aus dem Goldbach und dem Klärwerk unter dem Mikroskop an, und unser Chemielehrer erläuterte den Schülern die Gefährlichkeit der Bakterien. [...]

In Kunsterziehung wurde die Gestaltung des Wandbildes besprochen, und die Schüler bekamen hierzu einige Anregungen und Hinweise. Dann ging es sofort an die Arbeit, und immer, wenn ein wenig freie Zeit vorhanden war, konnte, wer wollte, daran weitermalen.

Die Kinder hatten im Chor das Entschuldigungslied für Friederich, den Fisch, gelernt. Auf dem Wandbild wurde dieses ebenfalls eingezeichnet, und er bekam auch den Namen Friederich.

Im Werkunterricht wurde ein Modell gebaut. Es zeigt eine Quelle, die zum Fluß wird und in einen See mündet. Als dieses fertig war, bastelten die Jungen Hubschrauber und Flugzeuge, und die Mädchen fertigten aus Papier und Pappe Laub- und Nadelbäume an. Auch ein alter Baum, der in Kunsterziehung aus Ton hergestellt worden war, fand hier seinen Platz. So entstand auf der einen Seite unseres Flusses ein Flughafen und auf der anderen Seite ein Tierpark. Da wir auch das Fach Schulgarten einbeziehen wollten, wurde eine Wurmfarm angelegt, über die sich die Schüler aus Büchern informiert hatten.

Der Musikunterricht wurde zum Anlaß genommen, daß sich die Schüler auf der Erde im Kreis liegend und mit geschlossenen Augen das Musikstück ‚Von der Quelle zum Meer' anhörten und ihre Empfindung äußerten. [. . .]

Auch im Sportunterricht wurde diese Thematik aufgegriffen. Zur Erwärmung wurden beispielsweise Bewegungsübungen ausgeführt. Wir waten wie ein Storch, watscheln wie eine Ente, schwimmen wie ein Fisch, laufen wie ein Krebs usw.

Mit Unterstützung der Musik wurde dann versucht, den Lauf des Wassers von der Quelle zum Meer darzustellen.

Es wurde hier noch einmal an das Musiktheaterstück ‚Wasserkristall' von R. Lakomy, das die Kinder im Theater gesehen hatten, erinnert.

Unsere Quelle entsprang an der Sprossenwand, und sie sprudelte, indem die Schüler der Reihe nach die schräg gestellte Bank runterrutschten. Schräge Kletterstangen stellten den Bach dar, und auf dem Fußboden mußten mehrere Gegenstände überwunden werden. In wiegenden Bewegungen und zu mehreren entwickelte sich der große Fluß. Beim großen Strom hatten sich alle Kinder angefaßt und vollführten große wellenartige Bewegungen. Als das schmutzige Wasser eingeleitet wurde, wehrten sie sich und versuchten, dieses von sich fernzuhalten. Dann wurden sie müde, und das Meer wurde mit Mitbewegungen auf dem Fußboden vervollständigt.

Mehrmals wurde das ganze durchgespielt, und es zeigte sich, daß die Schüler schon beim 2. Mal ‚lockerer' wurden."

8.5 Ergebnisse

„Mir kam es besonders darauf an, das neu erlangte Wissen über die Sprache zu vertiefen und besonders das freie und ausdrucksvolle Sprechen zu üben. Das sollte durch das abschließende Programm dokumentiert werden.

Da die Schüler sich zu Beginn des Projekts ausgesucht hatten, was sie auswerten wollten, bekamen sie die Möglichkeit, sich entweder schriftlich oder mündlich zu äußern. Wir legten die Reihenfolge fest, übten alles einmal durch, und dann kam der große Augenblick. Zu Besuch kamen die Klasse 6A und zwei dritte Klassen.

Programmablauf
1. Musik ‚Von der Quelle zum Meer'
2. Bericht über die Wanderung zur Ypsilantiquelle
3. Beschreibung über die Wassergewinnung im Klus-Wasserwerk
4. Wasserrätsel
5. Bericht über den Besuch im Klärwerk
6. Erläuterung zur Entstehung des Wandbildes
7. Bericht zur Anlegung einer Wurmfarm
8. Entschuldigungslied für Friederich, den Fisch
9. Beschreibung über die Entstehung des Modells
10. Auswertung der Wasserproben
11. Sketch: Plastiksack und Jutesack
12. Auswertung der Mathematikaufgaben (Berechnung von Wasserverbrauch, Müllkosten usw.)
13. Bericht über die Besichtigung des Müllplatzes
14. Erläuterung, wie Schüler ihre Bäume aus Ton gestalten
15. Abschluß: Gemeinsames Lied ‚Wasser ist zum Waschen da'
Musik ‚Von der Quelle zum Meer'".

9 Marlies Buchholz (Hamburg): Der Drache, der sich verwandelt (11)

9.1 Schule und Klasse: Grundschule, 3. Klasse

Die Klasse hat 22 SchülerInnen, gleichviel Mädchen und Jungen. Das Arbeits- und Sozialklima ist gut. Alle Kinder haben Deutsch als Primärsprache. Zwei Kinder erhalten eine LRS-Förderung.
„Ich habe (erstmals) diese Klasse nach Prinzipien des ‚Offenen Unterrichts' unterrichtet, d. h. im wesentlichen: ohne Fibellehrgang wurde ‚Lesen durch Schreiben' gelernt. Situationsbezogen und unbefangen schrieben SchülerInnen von Anfang an Wörter, Sätze, Texte; gegen Ende des ersten Schuljahres wurden eigene Geschichten gesetzt, gedruckt und als ‚Bücher' publiziert. [. . .] Der (relativ) offene Deutschunterricht war stark projektorientiert (‚Wir machen ein Buch/eine Wandzeitung/eine Aufführung'); ebensogut kann man sagen: dem Projektunterricht kommen die im ‚Offenen Unterricht' erlernten Arbeits- und Sozialformen sehr zugute. Andererseits habe ich die freien Arbeitszeiten seit Beginn der 3. Klasse eingeschränkt: in manchen Bereichen des Deutschunterrichts, z. B. dem Literaturunterricht, waren sie nicht geeignet.

Es gibt aber in unserer Klasse neben der betont gepflegten partnerschaftlichen Arbeitsweise weiterhin die folgenden, für das zu beschreibende Projekt relevanten ‚Institutionen':

- *Frühstück-Lesen:* Am Freitag wird im Klassenraum gemeinsam (teilend) gefrühstückt. Dabei lese ich, in letzter Zeit manchmal auch ein Kind, fortlaufend aus einem Kinderbuch vor.
- *Wanderbuch:* Abwechselnd bekommt je ein Kind ein Buch zur Vorbereitung eines Abschnittes mit nach Haus und liest zu Beginn jeder Deutschstunde, soweit diese kein anderes Textthema hat, daraus vor. [. . .]
- *Leseecke:* Sie ist mit Sachbilderbüchern gut ausgestattet, abgeschirmt und gemütlich, dient dem stillen individuellen Lesen, d. h. auch dem sinnvollen Ausgleich unterschiedlicher Arbeitstempi.
- *Bilderbuch-Gespräch:* Sprech- und Gesprächserziehung erfolgt zu einem guten Teil über das Medium Bilderbuch. Es ermöglicht eine weite Spanne von benennenden, beschreibenden, vermutenden, erklärenden, begründenden, entfaltenden und präzisierenden Aussagen."

9.2 Entstehung des Projekts

„In etwa zweijährigem Abstand führt die Schule Projektwochen durch, die unter ein klassenübergreifendes Rahmenthema gestellt werden. Nach Rahmenthemen wie ‚So lebt man anderswo' und ‚Saubere Umwelt', in denen zwar auch GrundschülerInnen ihren Platz finden konnten, die aber stärker

von den Interessen und Möglichkeiten der Sekundarstufe bestimmt waren, hatte ich den Wunsch, an einem ‚literarischen' Thema, in dem also Inhalte und Ziele des Deutschunterrichts eine wesentliche Rolle spielen, zu arbeiten. [. . .]
Die Lehrerkonferenz entschied sich dann für das vorgeschlagene Projektthema: ‚Gestalten und Motive aus phantastischen Geschichten. Märchen und Sagen.'"
„Schon bald nach Konferenzbeschluß informierte ich meine SchülerInnen über das Vorhaben [. . .], ohne zu diesem Zeitpunkt eine Diskussion und Wahl des Themas zu beabsichtigen. Sogleich erscholl der nahezu einstimmige Ruf nach dem ‚Drachen'! Diese spontane Reaktion und Entscheidung ist für Kinder eines 3. Schuljahres durchaus altersgemäß und plausibel.
Daß die Schüler sich zwar nicht reflektiert, aber doch mit gutem Grund für dieses Thema entschieden hatten, wurde mir während der langen Vorbereitungszeit, die ich auf diese Weise für mich selbst gewonnen hatte, deutlich. Der Drache, den eine überdimensionale Größe und der Besitz magischer Kräfte auszeichnen, dessen Schreckensgestalt andererseits als überwindbar erfahren wird, ist eine ideale Identifikations- und Projektionsfigur für Neunjährige (und steht den ebenso beliebten Dinosauriern damit nahe!).
Der Drache erwies sich als eine ambivalente Symbolgestalt, die sich aus den Mythen mit ganz unterschiedlichen Aspekten in Märchen, Sagen und Legenden entwickelt hat und in der Kinderliteratur sehr häufig vertreten ist. Als Bildzeichen findet er sich weit verbreitet in christlicher sakraler Kunst, als Brunnenfigur, aus Treibholz gedeutet an Badestränden . . . Wir würden in diesem Projekt ein Motiv in narrativer, bildlicher und symbolhafter Gestalt kennenlernen. Das Projekt würde, ausgehend von Inhalten des Deutschunterrichts, auch die Fächer Bildende Kunst und Religion in grundschulspezifischer Weise berücksichtigen."

9.3 Planung

„Mit jungen Schülern, deren Literatur-Erfahrung noch gering, deren Lese- und Schreibtempo noch niedrig ist und deren Eltern z. T. erwarten, daß sie über Veränderungen in der Unterrichtsorganisation zeitig informiert werden, ist ein Projekt, dessen Ergebnisse zu einem festgelegten Zeitpunkt präsentiert werden sollen, nicht so offen zu planen, daß im Verlauf noch entscheidende Veränderungen durch Schülerideen realisiert werden könnten. Wohl aber lassen sich in einer vorbereitenden Phase, die somit zum Projekt gehört, [. . .] Schülerinteressen, -bedürfnisse und -beiträge erarbeiten oder berücksichtigen.
Das geschah in einem offenen Gespräch. Die Verbindung zum außerschulischen Erfahrungsraum wurde hergestellt, indem die Schülerinnen gebeten wurden, auf alles zu achten, alles zu sammeln und mitzubringen, was zum Thema gehört, in diesem Fall ‚Geschichten, Bücher, Bilder von Drachen'. [. . .]

Das Gespräch zur Frage ‚Was wollen wir im Drachen-Projekt machen?' ergab den vorherrschenden Wunsch, einen Drachen bauen zu wollen. Nachdem das mögliche Mißverständnis des Drachens als Flugkörper ausgeräumt war, blieb aber die Idee, die Ungestalt Drache Gestalt annehmen zu lassen, bestehen: aus Ton, aus Knetmasse, aus einem Holzgerüst, bezogen mit Plastik oder Papiermaché ... Wie soll er aussehen? Zum Bangemachen, auch ein bißchen komisch, wie ein Monster. Und dann? Damit spielen. Wo? In einer Höhle. Was spielen? Wie der Drache auf einem Schatz sitzt. Danach versiegten zunächst ihre sprudelnden Einfälle. Es wurde klar, daß wir über den Drachen – ‚vielleicht aus alten Geschichten' – mehr erfahren mußten, um die ‚Gestalt in den Griff zu bekommen'. Dennoch sind aus diesen Ansätzen zwei brauchbare Ideen entwickelt worden: Wir würden eine riesengroße Drachen-Marionette bauen, die sich bei der Abschluß-Revue tänzelnd vorstellt mit einem Song, in dem unsere neu erworbenen Erkenntnisse über Drachen vorgetragen werden; zwei Mütter gestalteten aus alten Schul-Fenstervorhängen eine zeltartige Drachenhöhle um die erweiterte Leseecke herum. Darin wollte man möglichst oft sitzen.

Die von den SchülerInnen mitgebrachten Drachen-Bücher erwiesen sich zum größeren Teil in Text- und Bildgestaltung als absolut ungeeignet. Sie erst anzufordern, sie dann aber nicht einzusetzen, ist problematisch. Drei begrenzt geeignete Mitbringsel konnten ‚am Rande' eingesetzt werden: Irina Korschunow, ‚Hanno malt sich einen Drachen', Kirsten Boie, ‚Mellin, die dem Drachen befiehlt' und Peter Maffay, ‚Tabaluga'.

Es gibt jedoch eine Fülle von Märchen, Sagen und Legenden, von ältern und neueren reizvollen Kinderbüchern und Bilderbüchern, in denen ein Drache eine mehr oder weniger zentrale Rolle spielt. Es hätte sich wahrscheinlich eine Vorlage finden lassen für eine ‚ganzheitliche' kreative Umsetzung, wie sie für GrundschülerInnen naheliegt. Aber je mehr ich mich mit dem Drachen-Motiv beschäftigte, um so klarer wurde mir, daß der Drache ein Motiv mit sehr verschiedenen Aspekten ist: bedrohend, verschlingend, verheerend – aber auch verwandelnd, erlösend, wiedergebärend, der auch als Schlange oder häßliche weise Alte auftritt. Während der Drache in tradierten Texten immer ‚böse' ist, wird in moderner Kinderliteratur in aufklärender, ironisierender oder humorvoller Weise dieses Bild gebrochen, oder es wird dem Drachen seine geheimnisvolle Zweideutigkeit gelassen.

Hier tat sich eine Gelegenheit auf, jüngeren Kindern einen ‚Umgang mit Texten' zu ermöglichen, der sie Erfahrungen von Varianz in der Behandlung eines Themas machen ließ, ohne daß die naive Begegnung mit Geschichten ausgeschlossen oder zerstört würde. Ich wollte einen ausgedehnten Motiv-Vergleich anstellen lassen! Konnte das gutgehen? Wenn überhaupt, dann mußte es mit phantastischer Literatur, die ‚große' Themen spielerisch-leicht behandelt, möglich sein; wenn überhaupt, dann konnte dies Kindern im Projekt-Unterricht angeboten und zugemutet werden!

Ich plante für jeden Tag eine deutliche Struktur, die den Kindern in der Fülle der Texte Orientierung ermöglichte; es sollte ein ausgewogenes Verhältnis von rezeptivem und produktivem Arbeiten geben, und neben dem notwendigerweise von mir festgelegten Text-Arrangement sollten die Kinder immer wieder Phasen für selbstbestimmtes Arbeiten haben."

9.4 Verlauf

„Jeder Tag begann in der Drachenhöhle mit einer Information über das, was für diesen Tag geplant war, einer Würdigung der bisherigen Leistungen und der Klärung evtl. Fragen der Schüler (ca. 10'). Dann wurde eine Drachen-Geschichte vorgelesen, meist von mir, teilweise aber auch (vorbereitet) von Schülern. [. . .] Das Vorlesen erfolgte mit Unterbrechungen an geeigneten Stellen, die als Impulse für Schüleräußerungen fungierten. [. . .] (ca. 30'). Daran schloß sich entweder eine Phase an, in der mittels OH-Projektor dargebotene Drachen-Darstellungen betrachtet und gedeutet wurden und danach die der eigenen bildnerischen Gestaltung – oder letztere allein. [. . .] Schon bei der Fertigstellung ihrer Bilder, mit Sicherheit aber beim Abschreiben des Textes ergab sich ein sehr stark differierender Zeitbedarf. Die langsam Arbeitenden sollten nicht gehetzt werden, für die anderen gab es offene Angebote: In der Drachenhöhle konnte still gelesen werden. Da lagen einige Drachenbücher [. . .]; im Laufe der Woche kamen die Bücher hinzu, die wir schon gemeinsam besprochen hatten, die SchülerInnen konnten sie wiederholend lesen oder anschauen. [. . .] Darüber war es 12 Uhr geworden, alle saßen wieder in der Höhle, und nun gab es ein Bilderbuch zu betrachten und zu besprechen, welches uns eine neue Seite von Drachen oder verwandten Wesen enthüllte. – Diese Struktur wurde mit Ausnahme des 4. Tages, der mit dem Marionettenbau begann, beibehalten.
Der Text, mit dem unser Projekt begann, war ein Kapitel aus Michael Endes ,Jim Knopf und Lukas der Lokomotivführer', in welchem Frau Malzahn als böse Drachen-Lehrerin die Kinder quält. Anschließend lasen drei SchülerInnen aus dem 25. Kapitel die ,Rede' des entschlafenen Drachen. ,Niemand, der böse ist, ist dabei besonders glücklich.' Und: ,Wer einen Drachen überwindet, ohne ihn umzubringen, der hilft ihm, sich zu verwandeln in einen ,Goldenen Drachen der Weisheit'. Diese Sätze haben die Kinder sehr beeindruckt, sie kamen immer wieder darauf zurück. Mit dem Auszug aus ,Jim Knopf' war die Ambivalenz des Drachenbildes als Ausgangspunkt für weitere Ausdifferenzierungen angesprochen.
Der Drache, der bisher starr auf seinem Schatz gehockt hatte, begann sich zu verwandeln!
Im folgenden wird die Anordnung der besprochenen Texte in ihrer Reihenfolge dargestellt. Unter Berücksichtigung der Tagesstruktur, der zugeordneten bildlichen Darstellungen und der niedergeschriebenen Texte läßt sich ablesen, wie die Wandlungen des Drachenmotivs in den Blick kamen:

Ende: ,Jim Knopf und Lukas, der Lokomotivführer' (S. 172–176, 222–224)
Piers/Foreman: ,Strippenhals und Donnerfuß'
Grimm: ,Die weiße Schlange'

Fühmann/Fuchshuber: ‚Von der Fee, die Feuer speien konnte‘
Hastings/Wijngaard: ‚Sir Gawain und die häßliche Alte‘
de Paola: ‚The Knight and the Dragon‘
Hacks/Proft: ‚Armer Ritter‘
Martha-Legende: ‚Das Ungeheuer Tarasque‘ (mündlich erzählt)
Hopf: ‚Der Feuerdrache Minimax‘
Aus dem Sammelband ‚Märchen vom Drachen‘ wurden von einigen SchülerInnen ausgewählt und vorgelesen: Die feuerspeiende Schlange, Das Rosenmädchen, Der Drachentöter, Ragnar Lodbrok, König Lindwurm.“ [. . .]

9.5 Ergebnisse und Rückblick

„An den Gesprächen über Texte und Bilder waren fast alle SchülerInnen lebhaft beteiligt, sie zeigten eine hohe Sensibilität. [. . .]
Mit Sicherheit hat die Mehrzahl der SchülerInnen die Varianten in den Erzählungen vom Drachen aufnehmen können. Die Komprimierung des Erfahrungszuwachses in der Organisationsform der Projektwoche zeigt die Möglichkeiten, aber auch Grenzen auf. ‚5 Tage lang von morgens bis abends nur ‘Drachen’ – wie halten die Schüler das durch?‘ Entlastungsmomente waren nach meiner Beobachtung die Rückzugsmöglichkeit in die ‚Drachenhöhle‘ zu individuellem Lesen (mit Kuscheleffekt) sowie häufige Partner-, Gruppen- und Aufgaben-Wahlmöglichkeit; stabilisierend die Vielfältigkeit der Texte und die Sicherung durch das Bild. Ein leichter Motivationsabfall am 5. Tag war aber nicht zu übersehen. [. . .]
Vier Tage nach Beendigung des Projekts schrieben die Schüler eine Drachengeschichte mit Hilfe der Stichwörter Ritter/Schatz/Prinzessin/Verwandlung/Weisheit/Winter/Feuer/Brunnen. Drachennamen standen ebenfalls zur Verfügung. Etwa ein Drittel der SchülerInnen benutzte das traditionelle ‚Ritter besiegt Drachen‘-Muster, aber durchaus farbig und lebhaft ausgestaltet, ein weiteres Drittel schuf sich einen kindlichen Drachen als Freund und Helfer, und schließlich wurden solche Texte geschrieben, die entweder (mit aller Vorsicht) als Objektivierungen seelischer Prozesse gedeutet werden können oder die neu erfahrenen Aspekte des Drachenbildes kräftig und eigenständig gestalten. [. . .]
Ein von den SchülerInnen fünf Tage nach Beendigung ausgefüllter Fragebogen gibt Auskunft darüber, welche Texte und Aufgaben bevorzugt wurden. Um zu ermitteln, ob Schüler eines 3. Schuljahres überhaupt Aspekte eines Motivs wahrnehmen können, wurden Ähnlichkeiten zwischen zwei oder mehr Texten erfragt. Diese wurden erstaunlich oft gefunden, und zwar vorwiegend in der ‚Verwandlung‘. Daß diese Variante sich neben der traditionellen des ‚Totschlags‘ hat behaupten können, hat mich gefreut.
Neben den vielen angebotenen Texten zum Thema ‚Drache‘ steht eine respektable Zahl gelungener Schüler-Texte; die zahlreich dargebotenen Geschichten und Abbildungen von Drachen haben sich ‚verwandelt‘ in selbstgeschaffene Drachenbilder.“

10 Reinhard Bockhofer (Bremen): Überprüfung des Wahrheitsgehalts des ‚stern'-Berichts ‚Seht zu, wie ihr nach Kalkar kommt' (6)

10.1 Schule und Klasse: Gymnasium, 9. Klasse

An der Bremerhavener Pestalozzi-Schule, einem Schulzentrum, gibt es Hauptschul-, Realschul- und Gymnasialklassen. Das Projekt fand 1977 in einer Gymnasialklasse statt, die von 16 Schülerinnen und 11 Schülern besucht wurde. Sie galt als leistungsschwach.

Im Unterricht hospitierte häufig der junge Referendar Klaus Moritz: „Für mich eine Aufforderung zur Kooperation. Wenn Herr Moritz Unterrichtsstunden übernahm, stellte er häufig die Risiken der Atomanlagen in den Mittelpunkt. Die Betriebsgenehmigung für das Kernkraftwerk Unterweser in Esensham stand unmittelbar bevor, und wir hatten damals eine Exkursion zu dem Atommeiler zwischen Bremerhaven und Bremen eingeplant und für den Besuch das auf Informationsgewinnung ausgerichtete Fragen geübt. Moritz machte keinen Hehl daraus, an zahlreichen Protestaktionen, u. a. auch gegen Kalkar, teilgenommen zu haben."

Die Klasse war aber gegen diese Demonstranten eingestellt. „‚Da kann man doch nicht tatenlos zuschauen, wenn man diese Gestalten sieht'; ‚bei diesen Typen' müsse die Polizei ‚mehr durchgreifen'. [. . .] Einige Schüler stützten sich bei ihrem harschen Urteil auf Fernsehbilder, Pressefotos, Fetzen von Schlagzeilen, die sie – Monate nach der Großdemonstration vom 24. September 1977 – noch frisch in Erinnerung hatten. (Bei der etwa zeitgleich stattfindenden unterrichtlichen Behandlung des Films ‚Katharina Blum' bezweifelten die Schülerinnen und Schüler, daß die Darstellung der Polizei im Film der Realität entspreche.)

Weder die sachliche Infragestellung der Atomkraft durch Klaus Moritz, noch sein Handlungsbeispiel als Demonstrant, noch Skepsis über eine womöglich einseitige Berichterstattung über die Demonstration, schon gar nicht etwa Sensibilität gegenüber polizeilich ausgeübter Staatsgewalt relativierten die überraschend vielstimmige Aversion meiner Schüler gegen die Anti-AKW-Demonstranten. Die Sachfrage war im Urteil meiner Schüler von der Frage nach der angemessenen ordnungspolitischen (polizeilichen) Reaktion überlagert. Was tun?"

10.2 Entstehung und Planung des Projekts

„Um die Aversion und Vorbehalte meiner Schüler zu ergründen und einer schnellen Verunglimpfung des Demonstrationshandelns gegen Kalkar entgegenzuwirken, suchte ich nach geeigneten Zeitungsartikeln und fand keinen besseren als den ‚stern'-Bericht von Wolfgang Barthel ‚Seht zu, wie ihr nach Kalkar kommt' (‚stern'-Nr. 42/1977, Seiten 271 ff). Der Bericht enthält viele Beispiele einer polizeilichen Überreaktion, die eine Einschränkung der grundgesetzlich verbrieften Demonstrationsfreiheit bedeutet: 40 000 Demonstranten kamen in Kalkar an, 10 000 blieben im Polizeiaufgebot stecken. 147 000mal mußten Demonstranten ihre Ausweise vorzeigen, Autokofferräume und ihre Taschen öffnen. Manches Auto wurde auf dem Weg nach Kalkar siebenmal untersucht und über Stunden festgehalten. 51 Busse aus Hamburg kamen aufgrund endloser Überprüfungen in elf Stunden nur 65 Kilometer weit; 39 Busse kehrten entnervt um, 12 Busse brauchten für die 500 Kilometer 17 Stunden. Ein Personenzug ab Duisburg nach Kleve wurde auf freiem Feld gestoppt, die anreisenden Demonstranten mußten lange Fußmärsche in Kauf nehmen. Polizisten rissen Pressefotografen Filme aus den Kameras, ließen sich allerhand Schikanen einfallen und beschlagnahmten u. a. Notizbücher, Farbsprühdosen, Gürtel, Schutzhelme und Schutzbrillen. Von den 8230 beschlagnahmten Gegenständen, von Beamten pauschal als Waffen bezeichnet, war nur ein kleiner Teil berechtigt einkassiert worden: zwei Molotow-Cocktails, zwei Luftgewehre, 44 Äxte, ein paar Schlagringe und Eisenkugeln.

In der Phase des stillen Lesens hörte ich Tuscheln und einige Ausrufe: ‚Das gibt's ja nicht', ‚unglaublich, das darf doch nicht wahr sein', ‚sowas habe ich noch nie von der Polizei gehört'. Im anschließenden Gespräch reagierten die Schüler sehr zurückhaltend, erstaunlich kühl, ließen sich auf die von mir provozierte Kontroverse gar nicht erst ein, sondern erklärten, nachdem ein Schüler seine Zweifel am Wahrheitsgehalt des ‚stern'-Berichts angemeldet hatte, sofort übereinstimmend, sie würden diesem Bericht nicht trauen. So wie hier dargestellt verhalte sich kein Polizist. Am Ende der Unterrichtsstunde vergewisserte ich mich, wie viele Schüler dies so sahen: Von den 25 Schülern (zwei Schüler fehlten) hielten 22 Barthels Bericht für absolut unglaubwürdig, drei Schüler meinten, das Dargestellte sei möglich.

Was tun mit einem solchen Ergebnis? Jeder Zweifel ist berechtigt und fruchtbar – und enthält er nicht die Forderung nach einer Methode? Was geschieht, wenn die Schüler mit mir gemeinsam keine Anstrengung scheuen, den Bericht auf seinen Wahrheitsgehalt zu überprüfen?"

Die Schüler sind von dieser Idee angetan. „Wir berieten, wie man es am besten beginnen könnte. Zuerst wollte man den für den Bericht verantwortlich zeichnenden Journalisten anschreiben. Ich schlug vor, alle Fragen zu sammeln, die die Schüler zu seinem Artikel hatten. Im zweiten Schritt sollten alle Personen angeschrieben werden, die im Bericht namentlich erwähnt waren: Burkhard Hirsch (nordrhein-westfälischer Innenminister), Robert Jungk (Autor des Buchs ‚Der Atomstaat'), Demonstrant Dolf Jansen (Holland), Helga Spindler (Rechtsanwältin aus Köln). Man wollte die Angeschriebenen nach weiteren Adressen fragen. Darüber hinaus sollte an Zeitungsverlage die Bitte gerichtet werden, ihre Artikel über die Großdemonstration zu schicken. Auch wollte man Klaus Moritz als Teilnehmer an der Demonstration ausführlich befragen. Schüler erklärten sich bereit, Telefonbücher verschiedener Städte nach Adressen durchzusehen. Die zahlreichen Briefe, die jeweils einzelne Schüler auf den Weg bringen wollten, sollten vor dem Absenden auf Matrize geschrieben, vervielfältigt, gemeinsam gelesen und korrigiert werden, sofern sie nicht bereits abgesprochenen Musterentwürfen folgten. Am Ende sollte jeder Schüler Bilanz ziehen. Meine Bitte um eine schriftliche Auswertung, einzeln oder zu zweit angefertigt, wurde akzeptiert. Das Projekt war nach dieser Unterrichtsstunde grob abgesteckt und auch von allen Schülern als ‚gut‘, ‚spannend‘ und ‚wichtig‘ bewertet worden."

10.3 Verlauf

„Nun wurde der erste Schritt getan: die Sammlung aller Fragen zum ‚stern‘-Bericht. Die auf Zetteln namentlich unterzeichneten Fragen der Schüler brachte ich mit einem kleinen Begleitschreiben auf den Weg."
Beispiele für die Fragen der Schüler: „Woher haben Sie diese Informationen? Wenn sie von den betroffenen Bürgern kommen, kann es da nicht sein, daß ihre Berichte durch die Gefühle gegenüber der Polizei ein wenig verfälscht wurden?' ‚Wir können uns nicht vorstellen, daß die Polizisten den Leuten teilweise lebensnotwendige Medikamente usw. entwendet haben. Kann das eigentlich bewiesen werden, daß das überhaupt gemacht wurde?' – ‚Warum wurde der Holländer Dolf Jansen mehrere Stunden auf dem Polizeirevier festgehalten? Nur weil er Kopfschmerztabletten bei sich hatte? Wir sehen darin keinen Sinn. Das hätte im Text näher erläutert werden müssen.' – ‚Ist es nicht ein wenig unglaubwürdig, daß die Polizisten solche Methoden angewendet haben sollen?'
Als die Sekretärin meiner Klasse das erste Antwortschreiben brachte, konnten die Schüler mein Kommen kaum mehr abwarten. Mit großer Spannung wurde der Brief geöffnet und verlesen. Wolfgang Barthel antwortete mit einem dreiseitigen Brief. Er erläuterte, ohne auf die vielen Einzelfragen einzugehen, die Arbeitsweise der beteiligten Journalisten, vier Texter, vier Fotografen, und die Quellen der gebotenen Information. [. . .] Wichtig war ihm insbesondere der Hinweis auf ungenutzt gebliebene Rechtsmittel der angegriffenen Polizei (Gegendarstellung, Verleumdungsklage). Neben den Aussagen zur Person schilderte er am Ende seines Briefes eine Ungeheuerlichkeit: Grenzschützer legten ihm zwei Patronen in die Nähe seines Reserverades. Erst Presseausweis und Vorlage der Sondergenehmigung verhinderten weitere Ermittlungen. Die Grenzschützer verdrückten sich sehr rasch. Zwei Schüler, kluge Köpfe der Klasse, beschworen nun die Gefahr des Polizeistaates, wenn so etwas häufiger geschehe. Einige meiner Schüler waren fassungslos. Die Front der Zweifler am Wahrheitsgehalt des ‚stern‘-Artikels bröckelte bereits. 15 Schülerinnen und Schüler, eine Mehrheit, vermißten Namen und Adressen in Barthels Brief. So ging der Briefwechsel mit dem Journalisten weiter, während zugleich andere Personen angeschrieben wurden.
Anfragen der Klasse erhielten nun neben den oben bereits genannten Personen u. a. Klaus Wegner (Mitarbeiter im Textarchiv Gruner und Jahr); Ingrid Müller (Jounalistin im Düsseldorfer ‚stern‘-Büro), Günter Zint (Pres-

sefotograf aus Hamburg), Hartwig Suhrbier (Journalist bei der Frankfurter Rundschau), Ali Horn (Mitglied des Bundesvorstandes der Bürgerinitiative Umweltschutz) und Wilhelm Lembert, der als Leitender Schutzpolizeidirektor in Duisburg den Einsatz am 24. September leitete und hierfür vom Bundespräsidenten mit dem Verdienstkreuz am Bande ausgezeichnet worden ist.

Manche Antwort war knapp, aber klar: ‚Ich kann alles bestätigen, was mein Kollege Wolfgang Barthel über Kalkar geschrieben hat. Das meiste habe ich selbst gesehen.' Auch der Hamburger Fotojournalist, Augenzeuge, bekundete, daß der Artikel den Tatsachen entspricht. [...] Insbesondere seine Fotos von der Großdemonstration wurden von allen Schülern als ‚wertvoll' bezeichnet. Die Beschlagnahme seines Films löste bei meinen Schülern Betroffenheit und Empörung aus. Klaus Wegner hatte ‚keine Zweifel' an Barthels Bericht, es seien nicht einmal die schlimmsten Ausfälle der Polizei im Artikel verarbeitet worden. [...]

Robert Jungk, zweimal angeschrieben, antwortete nicht; Wilhelm Lembert schwieg. Das blieben Ausnahmen. Fast alle anderen angeschriebenen Personen nahmen die Fragen der Klasse ernst – eine Erfahrung, die meine Schüler mit Stolz erfüllte. Jeder Brief wurde zu Beginn der folgenden Deutschstunde verlesen, besprochen, in einem Sammelordner abgeheftet, auf Wunsch für die Sammelmappen der Schüler vervielfältigt. Jeder Brief wurde daraufhin befragt, ob er für die Tatsachenermittlung und Wahrheitsfindung nützlich sei. So konnten die Schüler beispielsweise dem Erfahrungsbericht des Düsseldorfer Regierungspräsidenten entnehmen, daß die Zahlenangaben des ‚stern' zu den intensiven Verkehrskontrollen usw. korrekt waren. Die Schüler freuten sich über das Lob aus Düsseldorf für ihre Überprüfungsarbeit. Auch wenn sie den Einsatz der Polizei als vorbeugende Maßnahme gegen befürchtete Gewalt verständlich fanden, so übten sie gleichwohl Kritik daran, daß zu ihren speziellen Fragen keine Stellungnahme erfolgte und das nordrhein-westfälische Innenministerium einen Bericht deckte, der als Mängel des Großeinsatzes nur die fehlende Verpflegungsreserve der Beamten hervorhob. Auch das Schweigen des Duisburger Polizeidirektors Lembert fanden die Schüler nicht in Ordnung. Der Vergleich zahlreicher Presseartikel und insbesondere zwei Dokumentationen aus der Sicht der Demonstrationsteilnehmer verdeutlichten, daß noch weit mehr Vorwürfe gegen den Polizeieinsatz in Kalkar erhoben wurden, als Barthel in seinem kurzen Bericht eingearbeitet hatte. Als ‚Glücksfall' sah die Klasse den Umstand an, daß sie eine Unterrichtsstunde lang Klaus Moritz zu seinen Erfahrungen bei dieser Demonstration befragen konnte. Brief um Brief, Schritt um Schritt wurde den Schülern deutlich, wieviel Recherchearbeit hinter dem ‚stern'-Artikel stand. Am Ende des Projekts zweifelte kein Schüler mehr an der Ernsthaftigkeit des Berichts. Fehler ließen sich nicht nachweisen."

10.4 Abschluß des Projekts und Ergebnis

„Aufgrund des Zugangs zu so vielfältigen Materialien und des Vergleichs entwickelten die Schüler eine angenehm quellenkritische Nachdenklichkeit. An vielen Presseartikeln und Kommentaren wurde ihnen bewußt, wie oft Journalisten sich vor allem auf eine Informationsquelle (meist die polizeiliche) stützten ... [...]
Zum Abschluß ihres Projekts lud ich die Eltern der Klasse sowie eine Parallelklasse und deren Eltern zu einem von den Schülern gestalteten Informationsabend ein: ‚Kalkar '77 – kritisch gesehen'. Zwei Kurzreferate: ‚Der Schnelle Brüter', ‚Ergebnisse der Überprüfung des Wahrheitsgehalts des 'stern'-Artikels', der Film und eine abschließende Diskussion rundeten die gemeinsame Arbeit ab."

10.5 Rückblick aus 14jähriger Distanz (1991)

„Am Ende des Projekts standen nicht mehr die Zweifel an den Tatsachen im Mittelpunkt, sondern deren Bewertung (vorsorglich notwendiger oder überzogener Polizeieinsatz) und die Frage nach der Bedeutung der Demonstration – eine Kontroverse, die jetzt in Kenntnis der wesentlichen Fakten geführt werden konnte. Die Schüler haben ihre vorschnellen Urteile Schritt für Schritt revidiert – trotz vieler berechtigter Zweifel, die bestehen blieben. Welche Institution sonst, wenn nicht die Schule, hat die Möglichkeit, dem Wahrheitsgehalt von Zeitungsberichten nachzugehen? Werden wir richtig informiert? Mir scheint, es geht dabei durchaus um eine der zentralen Gegenwartsfragen, die nach dem Golfkrieg (war es ein Krieg oder eine Exekution mit sozialem GAU?) und einschneidender Zensur allerorten zu beantworten wären. Für den Deutschunterricht könnte das kleine Beispiel dieses Projekts Schule machen – sorgsam arbeitende Journalisten erhielten Bestätigung, zungenfertige Hofberichterstatter einen Dämpfer. Es lohnt sich, Schüler gezielt mit gegensätzlichen Zwecken der Informationsgewinnung und -verarbeitung zu konfrontieren, den Wirkungen des Zusammenpralls nachzuspüren, die Zweifel und Irritationen der Schüler festzuhalten, ehe sie ihre Fragen und die Methode ihres Vorgehens entwickeln und Arbeitsweisen gemeinsam abstimmen und beschließen. Jeder Mensch kann zum Adressaten einer Anfrage werden – selbst sein Schweigen kann beredt sein. Es bleibt notwendig, den innergesellschaftlichen Feinderklärungen entgegenzuwirken und einzugreifen, wenn Vor-Urteile die Sache, um die es geht (Atomkraft), überlagern und vernebeln. So kann der Deutschunterricht helfen, quellenkritisches Vorgehen zu fördern und die Nachdenklichkeit zu erhöhen. Auch würde deutlich werden, daß Minderheiten ernst zu nehmen sind und ihre Verteufelung eher von Übel ist."

Thomas Kopfermann/Rainer Siegle

Durchführung von Projekten

1 Ziele

Das Projekt heißt: ‚Videofilm Denver Clan' (43)[1]. Drehort: Rheingau, mit allem regionalen Ambiente, das sich für eine Seifenoper-Parodie aus-schlachten läßt: Weinberge, Weinkönigin, goldener Rebensaft. „24 sehr engagierte und vor allem auch fröhliche Schülerinnen, mit denen man als Lehrkraft effektiv und mit Freude arbeiten kann" (so beschreibt die Lehre-rin die Klasse 10 c), drehen die Videostreifen. Im Rückblick resümiert eine Schülerin:

„Das war gut:
- das gemeinsame Engagement der Klasse bei der Suche nach geeigneten Drehorten,
- das Klima in der Klasse,
- das Verständnis der Lehrer für das Projekt,
- Erlaubnis, in Geschäften, Möbelhaus und Privathäusern zu drehen.
- Die ganze Klasse nahm in Kauf, nachmittags zu drehen und die Freizeit für das Projekt zu opfern.
- Die Aufgaben wurden ohne Streit in der Klasse aufgeteilt.
- Keiner wurde beschimpft, wenn er irgendeinen Fehler machte . . .
Das könnte besser sein:
- Wir hätten das Projekt noch besser planen sollen . . .
- Wir hätten bei manchen Sachen mehr auf das Wetter achten sollen (Außenaufnahme – sehr kaltes, schlechtes Wetter; Bettszenen ziemlich heiß).
Das habe ich dabei gelernt:
- Das Gemeinschaftsgefühl in der Klasse wurde stärker.
- Man lernt mehr über/von Klassenkameraden, mit denen man sonst wenig zu tun hat.
- Mit viel Einsatz – ausschließlich von Amateuren – haben wir einen tollen Film gedreht!
  Stärkt Selbstbewußtsein.
- Haben gelernt, ein Drehbuch zu schreiben."
In diesem Schülerinnenurteil stecken Urteile über Schule, wie sie als normal empfunden wird: geringes Engagement des einzelnen, Störfälle als Normal-fälle (Streit, Beschimpftwerden bei Fehlern), schlechtes oder anfälliges Unterrichtsklima u. a. m. Auch wenn dabei die Gefahr des Klischees nicht

---

(1) S. Auflistung aller Preisausschreibenbeiträge auf S. 129 ff..

68

ganz auszuräumen ist, wird doch das Bewußtsein der Andersartigkeit von Projekten deutlich.

In diesem Schülerinnenurteil stecken auch Urteile über Projektlernen. Symptomatisch, daß fast nur am Rande Lern-‚Sachen' akzentuiert werden (ein Drehbuch schreiben). Demgegenüber dominieren Aussagen über den Bereich der Interaktion, des Sozialen und des Gruppendynamischen (Engagement, Klima, Harmonie, Lehrerrolle). Wie selbstverständlich wird der (öffentliche und private) Außenbereich von Schule (Möbelhaus etc.) zum Gegenstand des Nachdenkens: Wann würde je, auch in der gewitternden Anfangsszene des ‚Wilhelm Tell', nach dem Wetter vor den Klassenzimmerfenstern gefragt? Implizit finden sich schließlich Aussagen über Motivation und Arbeitshaltung der Beteiligten: Das Verhältnis von Freizeit und Arbeit wird neu definiert, das von Amateuren und Profis einander nähergerückt, die Frage von Planbarkeit und Planung nicht an Lehrer oder ‚Führerfiguren' delegiert, sondern zur eigenen gemacht. Da Stärkung des Selbstbewußtseins zur Erfahrung des Projektlernens gehört, wird Eigenverantwortlichkeit für den Projektablauf gefordert und einsichtig. Das Wir-Gefühl schließt individuelle Mitverantwortlichkeit ein.

Weder die Genauigkeit und Ausführlichkeit noch die differenziert positive Einschätzung des eigenen Projekts sind Ausnahmen in den vielen Einsendungen zum Stuttgarter Preis. Selbst wenn die Erwartung von Jury, Auswahlkriterien, Publikation etc., der Zusammenhang eines Preisausschreibens also, extrinsisch die Projektdarstellung motivieren, so ist doch auffällig: Projekte drängen zur Auswertung, zur nachträglichen Betrachtung – zu Projekten gehört die Metakommunikation, die methodische Reflexion. Woran auch immer das liegen mag: Wann würde je über eine normale Unterrichtseinheit des Deutschunterrichts (UE Ballade, Modalität oder ‚Maria Stuart'?) derart nachgedacht? Wie selten beim schulischen Lernen scheint hier die Attraktivität nicht im Inhaltlichen, sondern im Methodischen, Organisatorischen und Sozialen zu liegen.

Reflexivität, so kann vorab vermerkt werden, gehört logischerweise zu einer Art schulischen Arbeitens, die das Subjekt, den Schüler und die Schülerin, mit seinen Interessen und Wahrnehmungsmustern, mit ihrer Individualität und Sozialität dem Objekt, dem Lerngegenstand, dem Wissensstoff voransetzt: Als Subjekt ernstgenommen, gewinnt es ein (reflexives) Bewußtsein von sich.

Zur Dokumentation der Projekte des Stuttgarter Preises gehört solches Nachreflektieren: dem Innovativen, dem Gelingenden und Mißlingenden der Projektunternehmungen nach-zu-denken. Das impliziert, daß es nicht nur um Rückblick gehen kann. Beim Nachdenken ergibt sich Übertragbares, Übernehmbares – gerade auch für die, die an dem Preisausschreiben nicht teilgenommen haben, aber an Projektarbeit allgemein interessiert sind. Hier sind Anregungen zu finden – inhaltlich wie organisatorisch und methodisch. Eine Art Leitfrage könnte deshalb sein: Wovon hängt das Gelingen eines Projektes ab? Die vielen Einsendungen zum Stuttgarter Preis versetzen uns in die Lage, diese Frage auf eine imponierende ‚empirische' Grundlage zu

stellen und sie stärker zu instrumentalisieren: Was ist bei der Planung und Durchführung von Projekten hilfreich – aufgrund der Erfahrungen von . . .? Die Ziele dieses Kapitels sind also sehr praktisch, unterrichtspraktisch formulierbar: Die in den eingesandten Projektberichten niedergelegten und reflektierten Erfahrungen sollen ausgewertet werden, um
- Planungshilfen für Projektlernen zu geben,
- Gefahren und Probleme des Projektlernens deutlich zu machen,
- Projekte als schaffbare Alternative zur Unterrichtsnormalität erkennbar zu machen und
- (methodische) Alternativen innerhalb des Projektverfahrens zu zeigen,
- schulorganisatorische Probleme und Lösungsstrategien zu erhalten.

2 Projektunterricht versus ‚normaler‘ Unterricht

Projektunterricht, wie er seit den siebziger Jahren aufs neue diskutiert wird, ist durch relativ stabile Merkmale definiert und im Rahmen von handlungs-orientierten Unterrichtskonzeptionen etabliert. In variabler Gewichtung werden Merkmale genannt, die sich zu Komplexen zusammenfassen lassen:

2.1 Objekt-/Wirklichkeitsbezug (Situationsbezug und gesellschaftliche Praxisrelevanz; Interdisziplinarität)

Projekte entwickeln sich aus konkreten Situationen, aus Veränderungen der Wirklichkeit, aus ihren, nicht in Fachspezifik isolierten, Problemen. Aus einer konkreten gesellschaftlichen Sachlage entsteht ein Problem, das in der Form eines Projektes angegangen wird. Bedeutet die Methode des Arbeitens damit eine Art Problemlösungsstrategie, so wirkt die Projektarbeit in die gesellschaftliche Praxis zurück – direkt, indem handelnd in die Wirklichkeit eingegriffen wird (sei es auch ‚nur‘ durch Bau eines Ökoteichs), oder indirekt, indem Erfahrungen von Wirklichkeit reflektiert, indem Denkstruk-turen verändert werden. Indem Projekte sich immer auf komplexe Wirklich-keit beziehen, ist Interdisziplinarität für sie konstitutiv – Problemlösungen müssen stets dem ganzen Problem, der ganzen Situation gelten, nicht fachlich isolierten Teilaspekten.

2.2 Subjektbezug (Orientierung an den Interessen der Beteiligten, Selbstorganisation und -verantwortung)

Projektarbeit sollte den Schülerinnen und Schülern die Sachaspekte nicht überstülpen, die Themen nicht oktroyieren, sondern sie diese selber nach individuellen Interessen finden und formulieren lassen. Das bedeutet nicht die generelle Absage an thematische Vorgaben bei Projekten: Festgelegtes oder vorformuliertes Projektthema und Vorauswahl von Materialien ermöglichen u. U. erst die Interessenartikulation und die inhaltliche Identifikation der Beteiligten mit ihrem Projekt. Ebensowenig ist das Selbstbestimmungsprinzip voraussetzungslos. Die Schüler müssen bestimmte Kompetenzen besitzen, um ihre Arbeit selbst organisieren zu können (z. B. einen Text exzerpieren können). Zum Subjektbezug gehört zudem ein gewisses Pathos der Selbstverantwortlichkeit (sich selbst und den anderen gegenüber), das u. U. aber erst durch gelingendes Projektlernen hergestellt wird, also nicht von vornherein da ist. In Verantwortlichkeit dem Problem und den andern Teilnehmern gegenüber eine Sache entdecken, erforschen hat eine ausgeprägt soziale Komponente – im Begriff ‚Verantwortung‘ steckt ja ein kommunikatives Element: anderen eine Antwort geben. Projektlernen wird deshalb als soziales Lernen angesehen: etwas in einer Kleingruppe für andere erarbeiten und vermittelbar machen, aber auch selbst Erfahrungen in der eigenen Gruppe machen, eine eigenständige ‚Rolle spielen‘ etc.

2.3 Methodenbezug (‚Lernbestand‘, Ganzheitlichkeit, Zielgerichtetheit)

Gerade Selbständigkeit im Lernen hat, wie gesagt, zur Voraussetzung, daß Lernen gelernt wurde. Projektarbeit setzt so einen gewissen ‚Lernbestand‘ voraus, der drei ‚Kompetenzdimensionen‘ umfaßt: arbeitsmethodische, soziale und Sachkompetenz. Da diese nicht bei allen am Projekt Beteiligten gleichermaßen vorausgesetzt werden können und von Gruppe zu Gruppe wie von Jahrgangsstufe zu Jahrgangsstufe variieren, gehört zur Projektplanung das ‚Sichten‘ und Besprechen der individuellen und kollektiven Lernbestände. Das Bewußtsein für methodische, selbstgesteuerte Arbeit muß grundiert sein durch das Bewußtsein, auf ein Ziel hin zu arbeiten. Während normaler Schulunterricht häufig sich im Absitzen von 45-Minuten-Einheiten, im kurzfristigen Erfüllen vorformulierter Aufgaben o. ä. erschöpft, verlangt Projektlernen zeitliche und planerische Eigenverantwortlichkeit: längerfristig sich selbst Ziele formulieren und auf sie hin Zeitabschnitte, Arbeitsschritte etc. planen. – Dem Objektbezug ungeteilter Wirklichkeit (s. o.) entspricht methodisch, daß Projektlernen das ungeteilte Subjekt verlangt: Nicht nur die kognitive Ebene wird gefordert, sondern einbezogen sein sollte die Ganzheit der Person. Erforscht, ‚begriffen‘ wird das gestellte Problem mit allen Sinnen.

2.4 Produktbezug

So wichtig der Prozeß des Lernens im Projekt ist, so wichtig ist es, der Zielgerichtetheit und der Ganzheitlichkeit eine konkrete, sinnlich wahrnehmbare, zur Vermittlung an andere (vgl. soziale Kompetenz) zwingende ‚Ziellinie‘ zu geben: die Darstellung und Vorstellung der Erkenntnisse, der Forschungen, des Begriffenen in einem Produkt. Welche Form das Produkt hat – Wandzeitungen oder szenisches Spiel, Schulausstellung oder Podiums-diskussion –, ist dabei von untergeordneter Bedeutung. Unbestritten ist, daß solcher Produktbezug auch disziplinierende Funktionen hat: Die Teilneh-mer wollen sich nicht blamieren, wenn sie ihre Ergebnisse an die Öffentlich-keit bringen – und strengen sich deshalb an. Wesentlicher aber ist, daß in diesem Öffentlichmachen des Produktes sich noch einmal und im eigentli-chen Sinne die direkte oder indirekte gesellschaftliche Praxisrelevanz erweist (vgl. 2.1).

Projektlernen versteht sich insgesamt komplementär zu Lehrgangslernen:

Gegenüber dem Projektunterricht wird der Lehrgang dadurch gekennzeichnet, daß er sich nicht an die dingliche Ordnung des „Lebens" hält, sondern den Kategorien folgt, mit denen der Mensch die Mannigfaltigkeit der Erscheinungen zu erfassen gelernt hat. Er gliedert die Welt auf in ein System, das sich an der Systematik der Wissenschaften orientiert. Dabei werden Sachverhalte auch mehr oder weniger künstlich und willkürlich isoliert, um lehrbar zu werden – auch um den Preis der Reduzierung. (Johannes Bastian und Herbert Gudjons (Hrsg.): Das Projektbuch. Reihe: WPB-Buch 5. Bergmann & Helbig, Hamburg ²1988, S. 25.)

Es versteht sich gerade von daher, daß, schulisch gesehen, dem Projektler-nen eine innovative und fächerverbindende Kraft innewohnt, während das Lehrgangslernen die schulische Normalität ausmacht – eine unverzichtbare Normalität, weil es primär die Lehrbarkeit, die Didaktisierung im Blick hat. Daß beide Lernarten in einem komplementären Verhältnis stehen, soll heißen, daß sie notwendige Gegenpole sind: Keiner kommt ohne den andern aus. Damit ist Projektlernen nicht als ‚die' Methode verabsolutiert; damit ist aber die Forderung impliziert, Projektarbeit zu einer zweiten, gleichberechtigten Schulnormalität werden zu lassen, sie aus den Randzo-nen sommerlicher Vorferien zu befreien und im Schulalltag zu etablieren. All dies indessen stößt im heutigen Schulalltag auf z. T. sicherlich berechtigte Bedenken. Die pragmatische Folie, hinter der alle Innovations-versuche beleuchtet werden (oder gar verschwinden), ist die der Machbar-keit, der Organisierbarkeit, der Realisierbarkeit. Alle diese „-barkeiten" dienen leider auch der normativen Kraft des Faktischen, zementieren das Bestehende, auch wo es schlecht ist. Das Involviertsein in das Projekt reibt sich mit der politisch begründeten Abwehr erhöhten Arbeitsaufwands; die Fächerverbindung reibt sich mit dem Fachprinzip, wie es im Stundenplan festgeschrieben ist; die Schülerselbständigkeit reibt sich mit Raumplänen und internalisierten Aufsichtsnormen. Die Reihe dieser Reibungen ließe sich fortsetzen.

Diese pragmatische Folie innovativer Verfahren ist nicht blauäugig oder besserwisserisch zu durchstoßen. Zum einen deshalb nicht, weil Realisierung immer auch Anpassung an Pragmatik bedeutet; zum andern, weil dahinter reale Erfahrungen der Kolleginnen und Kollegen stehen, Ängste, Befürchtungen, politische Bedenken etc., die gerade deshalb ernst zu nehmen sind, weil sie ja Teil der Lehrerrolle sind und damit der Reflexion des Rollenverständnisses zugänglich sein müssen, die Teil des Projekts sein soll.

3 Ein Projektmodell

Bevor wir entsprechend der obigen Zielformulierung Einzelprobleme, Gefahren etc. des Projektlernens auf der Grundlage vorliegender Projekte eingehender betrachten, versuchen wir, mögliche Phasen von Projekten und Einzelaspekte als Kriterien vorzustellen, anhand derer wir dann systematisch auswerten können. Projektmodell wie Kriterienkatalog können bei der Planung und Durchführung von Projekten allgemein als eine Art abstrakte ‚Checkliste' hilfreich sein.

Im Zentrum des ‚Modells' (s. Seite 74) steht – durch den rechteckigen Kasten hervorgehoben – der eigentliche Projektablauf. Er ist gegliedert in genau geplante und terminierte Projektphasen (III): Damit die Schülerinnen und Schüler sich (mit)verantwortlich fühlen, muß ihnen der formale, organisatorische Ablauf ganz klar sein. Terminpläne, Gruppenmappen, Raumbelegungen etc. sind wichtige organisatorische Mittel (s. u.). Je nachdem, wie diese organisatorischen Festlegungen getroffen wurden (durch Lehrer oder/ und durch Schüler), ändert sich bereits im Formalen die Interaktion von Schülern und Schülern, von Schülern und Lehrern (IV). Der Projektablauf ist auf das Produkt hin orientiert, zu dem eine Art Evaluation gehört (in Form einer methodischen und inhaltlichen Reflexion). Produktorientierung bedeutet nicht zufälliges, austauschbares Präsentieren irgendwelcher Ergebnisse – Produktorientierung bedeutet die innere Strukturierung des gesamten Projektablaufs: Dieser wird ganz unterschiedlich sein, je nachdem, ob am Ende ein Theaterstück oder eine schulöffentliche Ausstellung stehen soll. Gerade für die Produktorientierung müssen die verantwortlichen Lehrer ein Repertoire an Möglichkeiten zur Verfügung haben und stellen (s. u.), denn auf diesem Gebiet haben Schüler mit Sicherheit die wenigsten Erfahrungen. Das Pendant zum Projektabschluß mit irgendeiner Form von Präsentation der Ergebnisse bildet der Projektbeginn: Idealiter wird aus einer realen Situation (I) heraus eine Fragestellung, ein Problem, ein Vorhaben ‚abgeleitet' – von den am Projekt Beteiligten. Projektvorbereitung und -eröffnung (II) dienen der Problemformulierung, der präzisen Um- und Eingrenzung von Fragestellung oder Vorhaben sowie der Sichtung der Voraussetzungen und Mittel zur Problem‚lösung'. Theoretisch müßte in dieser Phase immer noch der ‚Rückzug' möglich sein – die Erkenntnis, daß das Problem die eigene Kapazität oder Kompetenz übersteigt, sich Lösungsstrategien widersetzt etc. Praktisch wird in der Regel solche Erkenntnis auf eine Reduzierung der Problemkomplexität hinauslaufen. – Wie die Produktorientierung, so gehört auch die Öffnung des Projekts nach außen (V) zu dieser Art von Lernen: Es ist nicht in Klassenräumen, in Lehrplanbegrenzungen, in institutionellen Grenzen einzu‚kästeln'.

Wenn Projekte aus der Wirklichkeit kommen, drängt es sie in die Wirklichkeit: Die Mehrzahl der in Projekten üblichen Methoden zeugt davon (Interviews, Befragungen, Umfragen, Vor-Ort-Erkundungen etc.). Dieses Drängen zur fachlich ungeteilten Realität ist der Grund für die oben

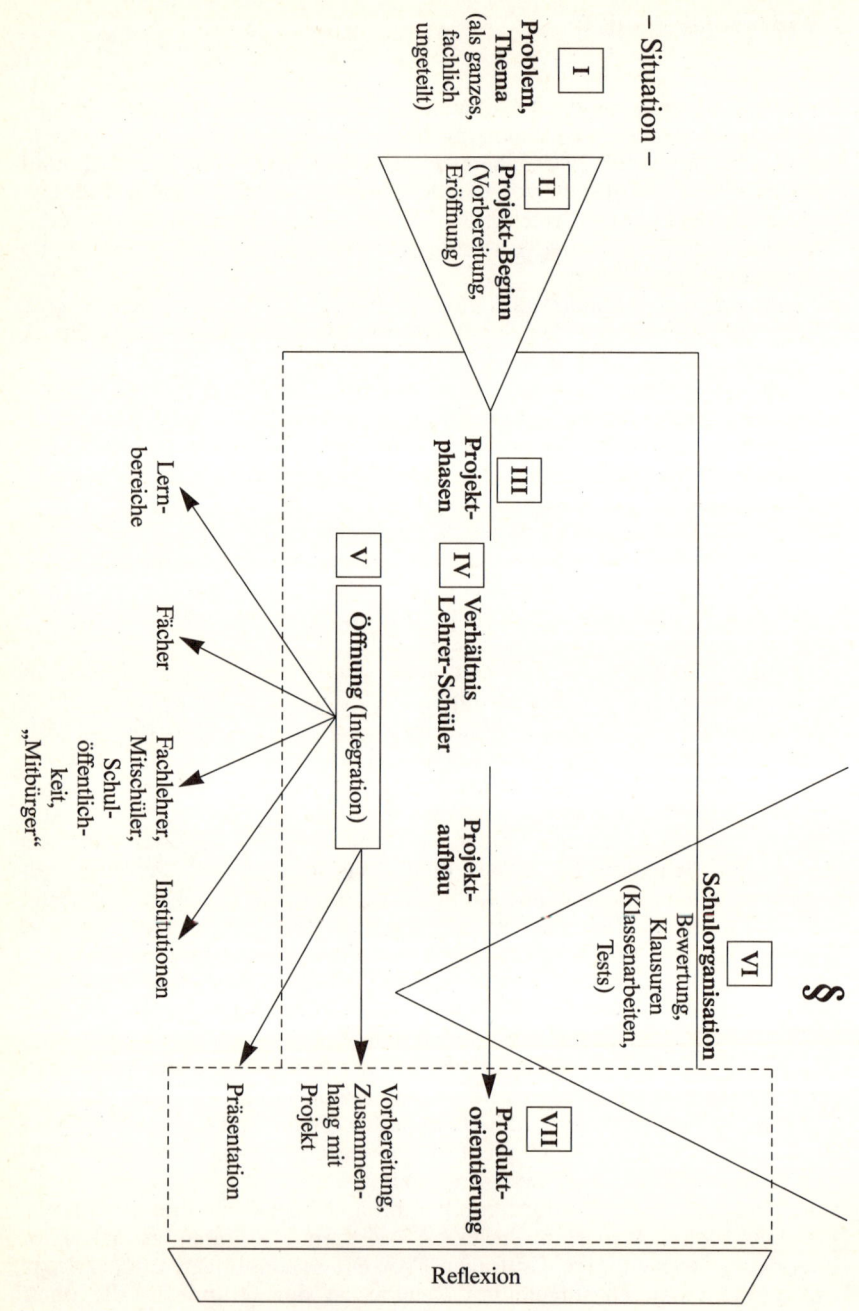

- Situation -

I
Problem, Thema
(als ganzes, fachlich ungeteilt)

II
Projekt-Beginn
(Vorbereitung, Eröffnung)

III
Projekt-phasen

IV
Verhältnis Lehrer-Schüler

Projekt-aufbau

V
Öffnung (Integration)

Lern-bereiche

Fächer

Fachlehrer, Mitschüler, Schul-öffentlich-keit, „Mitbürger"

Institutionen

VI
Schulorganisation
Bewertung, Klausuren (Klassenarbeiten, Tests)

§

VII
Produkt-orientierung

Vorbereitung, Zusammen-hang mit Projekt

Präsentation

Reflexion

angesprochene Interdisziplinarität, die Grenzen innerhalb eines Faches (in Deutsch etwa die Arbeitsbereiche des Lehrplans) ebenso aufbricht wie Grenzen zwischen den Fächern. Solche Öffnung findet ihr sozusagen dramaturgisches Ziel, wenn im Projektabschluß (VII) die Ergebnisse mindestens einer Teilöffentlichkeit vorgestellt werden.

Schließlich und endlich soll ein Projekt keine Oase im leichten Sommerwind der fast schon beginnenden Sommerferien sein. Deshalb steht jedes Projekt unter den institutionellen Bedingungen von Schule (VI). Hier liegen wahrscheinlich die meisten pragmatischen Probleme: 45-Minuten-Takt, Raumnot, Stundenplaneinschränkungen, Oberstufenschienen, die kursübergreifende Arbeit prinzipiell verhindern, festgelegte Klausurentermine – und überhaupt die Frage der individuellen Leistungsbewertung.

4 Von der Vielfalt der Projektaspekte

Im folgenden werden in einer Übersicht all die Faktoren benannt, die Projektarbeit beeinflussen können. Bei dieser Auflistung geht es zunächst allein um Deskription, nicht um Bewertung. Isolierte Einzelfaktoren wie ‚lehrerzentriert‘ oder ‚schülerzentriert‘, ‚Binnenwirkung‘ oder ‚Außenwirkung‘ etc. beinhalten per se ohne inhaltliche Konkretisierung noch keine Qualitätsstandards. Die unterschiedlichen Einzelgesichtspunkte verdeutlichen zugleich, daß Projekt-Rezeptologien nicht angeboten werden können. Die Verschiedenartigkeit von organisatorischen, personellen, inhaltlichen, zeitlichen, räumlichen und methodischen Vorgaben und Voraussetzungen darf aber auch nicht als Beleg für Beliebigkeit und Diffusität mißverstanden werden.

Kriterien zur Beschreibung und Planung von Projektunterricht
 (1) Standort im Bildungsauftrag
    – in den Lehrplan integriert oder ausgegrenzt
    – im Zentrum / an der Peripherie
 (2) Was ist der Anstoß/Impuls zur Projektarbeit?
    – die Entscheidung einer Schule für ‚Projekttage/woche‘ (Entscheidungsgremien: Schülermitverwaltung, Lehrer-Schulkonferenz)
    – das artikulierte Unbehagen gegenüber traditionellen Unterrichtsformen (stoffliche Vorgaben durch Lehrplan, Frontalunterricht, individuelle Leistungskontrolle, Begrenzung auf Lernort Klassenzimmer, keine fächerübergreifende Fragestellungen etc. als Mängelliste)
    – eine Fragestellung oder Impuls im Unterricht („Wir müßten einmal genauer untersuchen, ob . . .“, „Interessant wäre, wenn . . .“)
    – ein aktueller politischer Konflikt (z. B. Golf-Krieg) oder ein Problemfeld, das sich aus dem Schulstandort ergibt (Umweltschutzprojekte, Kulturarbeit in der Gemeinde etc.)
    – Projekt als ‚Jubiläumsgabe‘ (50 Jahre Otto-Müller-Gymnasium)

- Projekt als Folge von Wettbewerben (Schultheatertreffen, Bundes- und Landeszentralen, Verlage etc.)
(3) Organisatorische Vorgaben
  - Projektdauer (limitiert oder offen)
  - klassen-/kursbezogen oder übergreifend
  - altershomogen-, altersheterogen
  - im Unterricht integriert-, unterrichtsunabhängig (während der Unterrichtszeit und/oder Freizeit)
  - fachbezogen oder fachübergreifend (Interdisziplinarität)
  - eingebunden in ein Rahmenthema der Projektwoche oder frei
(4) Schulische Rahmenbedingungen
  - von der Schulleitung unterstützt/geduldet/mit Skepsis betrachtet
  - vom Kollegium unterstützt/geduldet/mit Skepsis betrachtet
  - Schulausstattung (Werkräume, Fotolabor, Medien)
  - freie Räume oder auf Klassenzimmer beschränkt
  - Hausmeister und Putzfrauen
(5) Projektthemen
  - vorgegeben oder offen
  - weite oder enge Fragestellung („Wir inszenieren das Märchen Frau Holle" oder „Umgang mit Märchen heute")
  - Projekttypus: literarische Schreibversuche, Spiel und Darstellungsversuche/Theaterarbeit, Medienprojekte, Literaturarbeit, Sprachuntersuchungen, gesellschaftspolitische Themenzentrierung
  - kognitiv/affektiv – eindimensional/alle Sinne ansprechend
(6) Projektziel/Projektpräsentation
  - thematische Ziele/soziale Ziele (stoffliche Lernziele, Handlungsziele)
  - beim Projekteinstieg vorgegeben oder offen (wir wollen ein Theaterstück, eine Ausstellung, eine Podiumsdiskussion etc. machen)
  - Projektziel und Art der Präsentation ergeben sich aus dem Projektverlauf
  - Projektziel allein mit Binnenwirkung (Klasse, Kurs oder Schulöffentlichkeit)
  - Projekt mit Außenwirkung
(7) Projekteinstieg
  - lehrerzentriert – schülerzentriert
  - klare – diffuse Vorgaben
  - kleinschrittige – umfassende Aufgabenstellung
  - Materialpräsentation oder Impulse zur Materialbeschaffung
  - Projektziel angegeben oder offen
  - Modellentwürfe (des Lehrers/der Schüler)
(8) Lehrerrolle
  - dominant – zurückhaltend
  - Bestimmer, Überwacher, Weichensteller, Beurteiler oder Koordinator, Materiallieferant, Impulsgeber, Klagebank
  - Projektmitarbeiter oder Projektbeobachter

(9) Projektphasen
- Organisationsphasen (Absprachen, Termine, Koordination)
- Informationsphasen
- Produktionsphasen
- Auswertungsphasen (Zwischenergebnisse sichern, Material sichten)
- Reflexionsphasen (Standortbestimmungen, Schwachstellen, Ärger)
(10) Arbeitsformen/Arbeitstechniken
- Plenum
- Gruppenarbeit
- Partnerarbeit
- Einzelarbeit
- Technik des Sammelns, Dokumentierens, Überarbeitens, Sicherns von Ergebnissen
- Schriftlichkeit/Mündlichkeit
(11) Projektkrisen
- Klagen über ungleiche Arbeitsverteilung
- Wasserträgerarbeiten und ‚Projektrosinen‘
- Unlust einzelner
- ‚tote Geleise‘ (verrannt, wir kommen nicht weiter)
- Motivation/langer Atem
(12) Bewertung/Leistungsbeurteilung
- ohne Notendruck/Freiraum?
- Projektergebnis und Präsentation als Anerkennung
- Bewertung der Gesamtleistung, gemessen am Projektziel
- Benotung individueller Leistungen innerhalb des Projektverlaufs (Gruppenbericht, Protokoll, Formulierung eines Zwischenergebnisses etc.)
- mündliche Leistungsbeurteilung anhand von Kleingruppengespräch, eingebrachten Projektimpulsen, Projektengagement in inhaltlicher und organisatorischer Hinsicht
- Gruppennoten/Gruppenbewertung
- Bewertungskriterien
(13) Projektreflexion
- Lernen aus Projekten (Aspekte Arbeitsteilung, Organisationsfähigkeit, Koordinationsfähigkeit)
- Dimension selbstbestimmten Lernens – Grenzen
- Innovationsmoment
- Veränderungen der Lehrer- und Schülerrolle
- Eindimensionalität/Vielfalt der Sinne
- Transfer Unterricht/Projekt
- Arbeitsbelastung
- Hindernisse, Hürden/Freiräume, Nischen

5 Produktorientierung

5.1 Arten der Produktorientierung

Projekte haben, zumindest, wo über sie geredet wird, einen kollektiven Fundus: Da unterrichten Teams, da lernen und forschen Gruppen, die Präsentation unternehmen alle, die Produkte sind Gemeinschaftsleistungen. (Nur bei der Leistungsbeurteilung bleibt's beim guten alten.)

Gelegentlich indessen tauchen in den Einsendungen zum Stuttgarter Preis einzelne auf, ohne im Kollektiv ihren Namen zu verlieren. Einer von ihnen, im Projekt der Laborschule Bielefeld (72, s. Seite 47 ff.), heißt Fabian – er prägt sich ein, weil er immer wieder auftaucht. Aus den natürlich immer noch kargen Bemerkungen zeichnet sich so etwas wie eine Projektbiographie ab:

Die Bücher sind vorgestellt, das Rotkäppchen-Thema ist gefunden, die Spielidee geboren. „„Ich kenne auch noch eine Fassung des Rotkäppchens, das sind alles Werbesprüche', damit spielte Fabian auf die Fassung von Thaddäus Troll an. Und so entstand sehr schnell der Plan, nach Materialien zu suchen zu diesem Thema [. . .]" Nun wird gesammelt, eigene Texte werden verfaßt, vorgelesen, „zwei sofort ausgewählt: Rotkäppi und Fabians Rock-Käppchen, eine super hifi Technik-Fassung, die darüber hinaus mit Werbesprüchen gespickt war." Die Texte werden dann in Theatertexte umgeformt. „Wirkliche Probleme machte nur das ‚Rockkäppchen', da dort die Wortwitze und die ironisch gesetzten Werbesprüche sich kaum für Dialoge eigneten. Die [. . .] Kinder beschlossen also, diese Version mit raffinierten akustischen Gags zu versehen und im Playback aufzuführen. Dabei sollten die Aktionen nur pantomimisch angedeutet werden." „Doch die Produktion eines Hörspiels gelang nicht so gut wie erwartet, und so saß Fabian bei der ersten Aufführung (die als öffentliche Generalprobe deklariert wurde, mit der Bitte an das Publikum für Änderungsvorschläge) neben seinem Tonbandgerät, und das Publikum schwieg höflich und gelangweilt. Die anderen vier Stücke jedoch waren gut gelungen, es gab Gelächter und viele Vorschläge, was man verbessern könnte." Die Überarbeitung geschieht mit dem Ziel, an der Schultheaterwoche des Stadttheaters und, wenn möglich, des Landes teilzunehmen. „So ging es nach den Weihnachtsferien erneut an die Arbeit. Fabians Version mußte ganz umgeschrieben, und neue Akzente mußten gesetzt, die Reihenfolge der Fassungen mußte noch einmal überdacht werden [. . .]" Die Generalprobe geht schief, die Aufführung wird ein Erfolg, zum Landestheatertreffen kommt die Gruppe in die engere Wahl. Fabian taucht zurück ins Kollektiv. „In der abschließenden Besprechung (auch hier wieder die Metareflexion als fester Bestandteil des Projekts) erklärten alle Kinder, daß sie zwar manchmal zwischendurch keine Lust mehr hatten, aber daß ihnen dennoch die Aufführung und vor allem auch die Arbeit und die Proben vorher sehr wichtig gewesen sind und viel Spaß gemacht haben."

Die Projekt-‚Biographie' Fabians pointiert aufgrund ihrer individuellen Perspektive, was an der Produktorientierung und dem durch sie gesteuerten Projektverlauf kritisch ist oder werden kann:

- Die Kreativität Fabians bereichert und befördert den Projektverlauf, namentlich zu Beginn; je konkreter die Präsentationsvorstellungen der Gruppe werden, desto mehr kehrt sich diese Kreativität zum retardierenden Moment um – was die Kreativitätsforschung seit langem weiß: Der oder das Kreative kann aufgrund seiner Divergenz vom üblichen zum Störfaktor werden. Kreativität hat in Projekten, weil sie dort eben nicht so (tendenziell) gebändigt und eingeordnet wird wie im normalen Unterricht, ihren Ort der Entfaltung; sie benötigt zugleich die besondere pädagogische Zuwendung, wo sie quersteht zu Festlegungen hinsichtlich der Präsentation.
- Das hängt mit der Frage der Adäquatheit von Präsentationsform und Produkt zusammen, die stets mit zu reflektieren ist. Ist die gewählte Präsentationsform eine Theateraufführung, gar noch unter den ‚Wettbewerbsbedingungen' von überregionalen Schülertheatertagen, dann ist das Produkt auf die Form des Theaterstücks festgelegt, d. h. auf Dialoge, Bühnenrealisierung etc. (wenn nicht experimentelle Formen wie multimediale Collagen o. ä. gewagt werden; dies wiederum ist abhängig von Alter und Theatererfahrungen der Jugendlichen). Erst unter solchen Bedingungen ‚paßt' ja Fabians Hörspielfassung nicht. Das Genre, in dem das Produkt angesiedelt ist (Theaterstück, Hörspiel, Buch, Ausstellung), prägt die Präsentation und umgekehrt; das Produktgenre prägt die Einzelbeiträge und umgekehrt (Theaterstück braucht Dialogtexte; Briefe oder Tagebucheinträge ergeben die Buchform).
- Der Einzelbeitrag ist der Prüfstein der Interaktion, des Erfolgs oder Mißerfolgs. Was mag in Fabian vorgegangen sein, als er, neben seinem Tonbandgerät sitzend, nur höfliche Langeweile spürte? Dies um so mehr, als ja die Unmittelbarkeit, mit der seine Beiträge von der Gruppe aufgenommen werden, eher darauf schließen läßt, daß er Anerkennung genießt und gewöhnt ist. Zu fragen wäre auch, warum gerade der bereits als problematisch erkannte Beitrag Fabian allein überlassen bleibt und nicht etwa in der ‚Geborgenheit' einer Kleingruppe aufgehoben wird. Derlei Fragen sollen nicht die Einsender und Berichterstatter denunzieren, sondern Lehrersensibilität schärfen. Die nachfolgende Formulierung nämlich bringt eben Fabians Empfindungen wahrscheinlich auf den Begriff (auch wenn sie aus Lehrerperspektive geschrieben ist): „Die *anderen* vier Stücke *jedoch* waren gut gelungen..." (Hervorhebung d. Verf.). Genauso ist Fabians Erfahrung: „Meines ist nicht gelungen, und das wird mir öffentlich, höflich, aber unverhohlen klargemacht."
- Alle diese skizzierten Probleme entstehen aber überhaupt erst unter der Ausrichtung der Projektarbeit auf ein Produkt hin: Erst indem ein Produkt für eine bestimmte größere Öffentlichkeit zubereitet wird, ergeben sich Zwänge: Daß man nicht Mißerfolg haben darf, daß etwas termingerecht fertig sein muß, daß die Teilergebnisse zusammenpassen müssen etc.

Wären die Rotkäppchen-Versionen ‚nur' für einen Elternnachmittag vorzubereiten gewesen, um z. B. den Eltern Einblicke in Arbeit und Empfinden ihrer Kinder zu geben, hätte das Hörspiel unverbunden neben anderen, ganz anders gearteten Teilergebnissen stehen können. Der Produktzwang prägt Fabians Mißerfolg oder (später offensichtlich) Erfolg. Der Produktzwang prägt damit die gesamte Projektarbeit, auch die motivationalen Zwischentiefs, von denen am Ende des Berichts die Rede ist, die wiederum nur überwunden werden, weil die Aufführung vor der Tür steht. Unabweisbar ist in diesem Zusammenhang auch die Gefahr, das Gelingende der Gruppe zuzuschreiben, das Mißlingende dem einzelnen zu überlassen.

Diese negativ klingende, kritische Einschätzung macht deutlicher, als es die sofortige Zustimmung vermöchte: Produktorientierung ist nicht beliebiges Anhängsel der Projektarbeit, ad libitum und ad hoc den gelingenden Phasen eines Projekts hinterherzuschicken. Produktorientierung bedeutet die inhaltliche, methodische (arbeitstechnische) und formale (die Produktform, das Genre betreffende) Kanalisierung oder Fokussierung der Projektanlage und -phasen. Das bedeutet positiv, daß Motivation, Spaß, Interesse, Engagement etc. der Umbra-Kinder von Bielefeld, Fabian eingeschlossen, sicherlich nicht im entferntesten derart groß gewesen wären, wäre auf das Produkt verzichtet worden.

Die kritische, negative Folie, die wir aus heuristischen Gründen aus Fabians ‚Projektbiographie' zu gewinnen versuchten, soll den Blick für die Probleme der Produktorientierung schärfen. Darin, daß diese die Projektphasen prägt, liegt begründet, daß zunächst Produkte, danach erst Phasen abgehandelt werden. Nochmals und schon rein sprachlich wäre zu fragen: Was heißt Produktorientierung? Was orientiert hier wen, oder was wer? Wer ist dabei Subjekt, wer Objekt? Und welche Verbindlichkeit besitzt dabei das Verb ‚orientieren'? Je nach Gewichtung kann das avisierte Produkt, seine Form, Organisation, Präsentation die gesamte Projektarbeit festlegen. Haben wir die Publikation auf einer Zeitungsseite des Lokalblattes vereinbart, wird das gesamte Projekt eingebunden in die Produktions- und Terminzwänge der Zeitung; das gilt für alle Unternehmungen, die sich an außerschulische Institutionen binden. Dieser hohe Verbindlichkeitsgrad kehrt auch die Orientierung um: Die Subjekte des Projekts orientieren sich (ausschließlich) auf dieses Ereignis hin, sie stellen sich unter Erfolgszwang, Produktionszwang, Zeitzwang. ‚Orientieren' hat hier eine ganz andere Bedeutung als bei einem ‚hausinternen' Produkt wie einem Buch, das irgendwann unter den Bedingungen der Schule hergestellt werden soll. – Der Begriff enthält ebenso Ambivalenzen wie das Verfahren: Der Produktzwang mit allen seinen möglichen Konsequenzen kann Kreativität, soziale Beweglichkeit in der Gruppe, Muße, Spaß zweckrationalisieren und damit den Umschlag bedeuten in Unbeweglichkeit, Versiegen der Ideen, Hektik, selbstgesetzte formale Zwänge. Er kann genausogut Realitätssinn, Verbindlichkeit, Motivationsschub, Zielgerichtetheit, Stringenz bedeuten. Unter diesen (schillernden) Voraussetzungen sehe ich drei Varianten der Produktorientierung:

1. Das Produkt ist von Projektbeginn an vereinbart oder kristallisiert sich mindestens in der Eröffnungsphase des Projekts sehr schnell und konkret heraus und bildet dann den inneren Konsens- und den äußeren Zielpunkt der gesamten Projektarbeit. Deutlichstes Beispiel für diesen Typus ist das Projekt ‚Spurensuche: Thomas Mann in Italien‘ (53, s. Seite 16 ff.) mit dem in dieser Hinsicht bezeichnenden, weil die Produktform gleich benennenden Untertitel ‚Ein Buch-Projekt . . .‘. Spontaneität und offene Planung werden vom berichterstattenden Lehrer vorausgesetzt – die Festlegung des Produkts widerspricht dem nicht. „Lediglich das Ziel, in einem Buch den literarischen und biographischen Spuren Thomas Manns zu folgen, stand zu Beginn fest.“ Als innerer Konsenspunkt erhält diese Festlegung die Motivation: Jeder und jede weiß, worauf hin zu arbeiten ist, daß im avisierten Produkt alle einzelnen Leistungen zugleich erkennbar und aufgehoben sind, daß also die Arbeit sich ‚lohnt‘. Als äußerer Zielpunkt organisiert die Produktorientierung die Projektphasen vom Ende her und gibt ihnen eine innere Logik: „Reisen an die Dichterorte (waren) unabdingbar. Natürlich gab die Logik einer solchen Unternehmung auf, zunächst eine Bestandsaufnahme der Materialien und Fakten vorzunehmen . . .“ Die Projektarbeit erhält vom Produkt her einen logischen Aufbau und Ablauf und damit wiederum Plausibilität für alle daran Arbeitenden, die das Sich-Abarbeiten an einem Gegenstand motiviert. Gelingende Interaktion und Kooperation stehen im Dienst des Vorhabens, sie sind also diesem untergeordnet; wo beide aber nicht funktionieren, nimmt das Produkt Schaden oder gerät das Gelingen in Gefahr. Rein produktorientierte Projekte setzen deshalb im Idealfall gruppendynamische Erfahrung, Kooperationsfähigkeit, Empathie voraus. Ist dies nicht der Fall, so muß auf diesen Bereich besonderes Augenmerk gelenkt werden. Reflexionsphasen sind dann unabdingbar (was ist das Besondere der Arbeits- und Interaktionsform, die wir im vor uns liegenden Projekt versuchen? Was verlangt sie vom einzelnen? Welche Rollen werden dabei von Lehrer und Schülern gespielt, worin unterscheiden sie sich von den sonst vertrauten?), zu Beginn des Projekts, aber auch zwischendurch, spätestens dann, wenn Probleme, Konflikte, Kooperationsdefizite auftauchen.

2. Der Kontrapunkt, ja, fast ein Antipode dieser strikten Produktorientierung ist die Prozeßorientierung. Modell hierfür kann das Krefelder Projekt ‚Sprache und Sexualität, Liebe und Partnerschaft‘ (16, s. Seite 9 ff.) stehen: „Den Erfolg eines Projekts“, resümiert der Berichterstatter, „kann man nur an Ablauf und Ergebnissen messen, wobei der Prozeß wichtiger ist als die vorweisbaren Ergebnisse.“

Indessen: Selbst in der Opposition von Produkt und Prozeß setzt sich, zumindest punktuell, die Produktorientierung noch durch. „Gerade die Schüler mit großen Sprachdefiziten waren stolz auf ihre Erfolge und muteten sich die Themen, die sie fesselten, auch zu. Diese Erfolge beeinflußten auch das Korrekturverhalten der ganzen Klasse positiv; die Veröffentlichung der Arbeiten anläßlich des Elternsprechtages erhöhte ihr Selbstwertgefühl; auch nach dem Projekt war im Deutschunterricht von Schulmüdigkeit wenig feststellbar. Als ich für diese Dokumentation einige Unterlagen von den ja bereits entlassenen Schüler/innen benötigte, stellte ich fest, daß fast alle ihre Arbeiten, Skizzen, Bilder und Mappen aufbewahrt hatten." Projekte haben Folgen, so ist aufgrund auch vieler anderer Projektberichte zu verallgemeinern: Sie verändern Schulwirklichkeit und Individualität („Selbstwertgefühl"), und das hängt auch mit der Herstellung eines sinnlich wahrnehmbaren, ‚materialen' Produktes zusammen – mag es auch nicht immer ‚mit großem Bahnhof' präsentiert werden. Auch das Vorzeigbare, das Aufbewahrenswerte ist ein Produkt; auch die bescheidene Vorstellung von Ergebnissen oder Teilergebnissen auf einem Elternsprechtag ist eine Präsentation. Also doch mehr Produkt als Prozeß?

Daß es auch um Produkt geht, erlaubt, von einer Variante der Produktorientierung zu sprechen; die Akzentverschiebung auf die Prozeßhaftigkeit dieser Art der Projektarbeit legt nahe, sie von dem ersten Modell zu unterscheiden. Der Ansatz des Krefelder Projekts macht das vielleicht deutlich. Nicht etwas Fremdes, der eigenen Subjektivität erst Anzunäherndes ist der Gegenstand, das ‚Objekt' des Projekts, sondern etwas je Eigenes, das Subjektive selbst: „Die Erprobung zwischenmenschlicher Kontakte mit sexuell/erotischer Tönung hat für die Schüler/innen dieses Alters einen hohen Stellenwert. Während der gemeinsamen Jahresplanung wurde deutlich, daß sie dabei das Fehlen einer von ihnen selber adäquat empfundenen Sprache als Notsituation erleben. Ziel des Projekts war es, die Schüler/innen eine zufriedenstellende Lösung [. . .] erarbeiten zu lassen." Diese avisierte Lösung ist nicht unbedingt auf ein ‚materiales' Produkt angewiesen (wenngleich dieses, wie gezeigt, den Reiz der Arbeit erhöht, stolz macht etc.); sie kann mittels der ‚intensiven Sprachreflexion' und in dem praktischen ‚Sprechen über Gefühle' – beides setzte der Lehrer als Schwerpunkte – erreicht werden. In der Tat: Ein solcher Ansatz bei der Subjektivität der Schüler, bei ihren Nöten, ihrer individuellen Betroffenheit konzentriert das Projektgeschehen auf den Prozeß, in dem diese Nöte, Betroffenheiten, Probleme zum Thema gemacht und Lösungsstrategien dazu entwickelt werden: Kommunikation über Kommunikation. Ein Produkt ist willkommen, möglich, aber nicht konstitutiv für diese Struktur. Viel vermittelter erzeugt diese Art des Projekts idealiter etwas ‚Bleibendes': Es verändert Interaktion (z. B. zwischen Jungen und Mädchen), schafft neue, im Alltag praktizierbare Kommunikationsmuster.

3. Auf eine unterrichtsmethodisch ganz andere Art produktorientiert ist die dritte Variante, in der wiederum die Produktorientierung, möglicherweise noch ausschließlicher und dominanter als in Variante 1, das Projektgeschehen bestimmt, aber eine Fortsetzung, Evaluation und Umsetzung vorangegangenen ‚normalen' Unterrichts mit anderen Mitteln ist. Modell hierfür sei das preisgekrönte Riedlinger Projekt ‚Literatur zum Anfassen' (57, s. Seite 25 ff.). Die Ziele, wie sie von der Projektleiterin formuliert werden, könnten teilweise auch ganz alltäglichen Deutschunterricht bestimmen:

„1. genaue persönliche Auseinandersetzung mit literarischen Werken
 2. szenische Interpretation

3. Sinn für optische Wirkung/Detailkenntnis
4. öffentlicher Vortrag/Überwindung von Hemmschwellen
5. fachspezifisches Wissen so aufbereiten, daß es einem breiten, allgemeinen Publikum interessant und verständlich wird
6. kulturelles Angebot in einem diesbezüglich unterversorgten Ort".

Über das Übliche von Deutschunterricht gehen diese Ziele aber in zwei Zielen hinaus: Sie fordern oder schaffen sich einen Adressaten, dem literarische Gegenstände vermittelt werden sollen, und sie lassen zweitens ein latentes Ungenügen am DU erkennen, indem sie zum Ziel erklären, was normalem Schulalltag fehlt: die Möglichkeit zu wirklicher persönlicher Auseinandersetzung mit Literatur, Sinn für Sinnlichkeit von Literatur, persönliche Hemmschwellen überwinden lernen. Das mit solchen Zielen konturierte Projekt geht bald über seinen äußeren Anlaß – die Mitgestaltung des Schuljubiläums – hinaus, indem es gerade den schulischen Rahmen verläßt und mit der Stadtbücherei eine öffentliche Institution wählt, die als Kulturträgerin der ‚unterentwickelten Region' aber nicht mehr automatisch den ‚Heimspiel'-Bonus garantiert wie eine Schulaufführung. Der Stoff nun für die Produktorientierung ist lediglich neu zu organisieren, aber nicht neu zu erarbeiten: Der Stoff ist nämlich „die gesamte Literaturarbeit". „Der Zeitpunkt [nach dem schriftlichen Abitur] [. . .] war günstig, die Schüler waren froh, nach all der Büffelei und Schreibtischtätigkeit jetzt körperlich und kreativ tätig werden zu können." Das Projekt wird zum Produktionsort einer schulischen Gegenwirklichkeit zum kognitiven Lernen, das seinerseits Voraussetzung des Projekts ist; das literarische Material, das es zu präsentieren gilt (Faust, Iphigenie, Der Goldne Topf etc.; vgl. S. 26 ff.), ist vorher im Leistungskurs, in den drei Halbjahreskursen vor dem schriftlichen Abitur, kognitiv erarbeitet worden.
Diese Variante birgt sicherlich Gefahren: Die Opposition von Lernen (kognitiver Unterricht in drei Halbjahreskursen des LK) und ‚Spielen' (Vorbereitung von Leseabenden, Ausstellung etc.) wird nicht aufgebrochen, sondern eher zementiert. Trotzdem liegt, wenn weiter gilt, daß das Lehrgangslernen ja nicht generell durch das Projektlernen substituiert werden soll und kann, in dieser Variante eine pragmatische Lösung der beobachteten Defizite von Deutschunterricht: In der strikten Produktorientierung, die sogar außerschulische Öffentlichkeit als Adressaten will, wird auf andere, neue, nachhaltige Weise literarischer ‚Stoff' noch einmal und neu aufgearbeitet, erlebt und andern vermittelt. Pragmatisch ist diese Lösung, weil sie am ehesten mit den Schulzwängen fertig zu werden vermag – auch den von Lehrern und Schülern internalisierten vom ‚richtigen', i. e. prüfungsrelevanten Lernen.

5.2 Interaktion

In allen drei Modellen liegt unter der ‚materialen‘, stoffbezogenen Ebene, die das Produkt erfordert, eine wesentliche(re): die soziale, die der Interaktion und Kommunikation. Diese ist für die zweite Variante konstitutiv, bestimmt aber auch die andern beiden insofern, als hier Nichtbeachtung und Defizite die Produktorientierung stören oder zerstören können. Eigentümlicherweise ist diese Ebene in den Projektberichten eher summarisch, konkreter allenfalls in Schülerurteilen über das jeweilige Projekt thematisiert; vermutlich gelten Projekte, bei denen solche gruppendynamischen ‚Störfälle‘ auftreten, als wenig vorzeigbar. Was aber tue ich als Lehrerin oder als Lehrer, wenn die Zusammenarbeit nicht klappt, Streitereien in der Gruppe das Ziel einer Aufführung oder einer Ausstellung gefährden, ‚Faulpelze‘ und ‚Taugenichtse‘ die guten Ergebnisse zunichte machen, weil sie sich im Windschatten der Gruppenarbeit sicher fühlen? (Nennen wir solche Störer nicht heimlich dann so altfränkisch beim pädagogisch ungeliebten Namen?) Ich plädiere für Thematisierung solcher Konflikte und Störungen, aber nicht (nur) in Gestalt des üblichen ‚Rundgesprächs‘ („Wenn wir so sitzen“, hat einmal eine Schülerin gesagt und meinte den Stuhlkreis, „ist ja klar, dann wird’s gruppendynamisch“), sondern in der Form von Spielen, in deren Rollenschutz dann auch wirklich alles sanktionsfrei artikuliert werden kann. Interaktionsspiele, Kooperationsübungen, Vertrauensspiele helfen hier viel, wenn sie den Schülerinnen und Schülern nicht aufgesetzt erscheinen oder als Händchenhalte-Spielchen verdächtig sind. Am einfachsten und überzeugendsten, wenn sie mit Form oder Inhalt des Projektvorhabens zu vereinbaren sind. Das gelingt besonders plausibel bei allen theaterbezogenen Projekten, die von der Sache her ohnedies auf Warming-ups, Übungen zur Körpersprache, Improvisationsübungen etc. angewiesen sind. Sehr schön ist dies im Bremer Projekt ‚Gefühlsausdruck in Wort, Ton und Körpersprache‘ (69, s. Seite 35 ff.) entfaltet: Die Theaterarbeit wird vorbereitet und begleitet von „Sensibilisierungsübungen, Warm-ups, Atem- und Stimmübungen, Entspannungsübungen, Kontaktübungen zum Abbau von Berührungsängsten, Vertrauensübungen mit der Möglichkeit, sich untereinander besser wahrzunehmen, kennenzulernen und sich zu respektieren. All diese Aufwärmübungen für das szenische Spiel fördern die Wahrnehmung für einen selbst und das soziale Umfeld. Die integrierte Körperarbeit bringt viele Prozesse in Bewegung. Die Beobachtung von Körpersignalen wird geschärft, so daß jeder die eigene emotionale Befindlichkeit und die der Partner ernst nehmen kann. Damit verbunden ist, daß Inhalte nicht mehr allein über den Kopf, sondern unter Einbeziehung der Sinne reflektiert werden. Der einzelne wird sich seines Selbst bewußt, seiner Fähigkeiten und Schwächen. Ein Identitätsfindungsprozeß entwickelt sich. Durch sinnliche und rationale Wahrnehmung werden Hemmungen und Ängste im zwischenmenschlichen Bereich abgebaut, gleichzeitig auch Widersprüche entdeckt. Die Öffnung für sich selbst und für andere Menschen ermöglicht die Bereitschaft, sich auf etwas völlig Fremdes einzulassen.“

Möglicherweise ist dieser letzte Aspekt gerade der entscheidende, weil gegen solcherart oft als ‚Spielchen' und Spielereien denunzierte Übungen häufig eingewandt wird, sie betreiben nur Nabelschau: Nein, sie öffnen für das Fremde, das erst Anzueignende des Projektgegenstands, indem sie den Interaktionsbereich thematisieren, und zwar praktisch, in der Interaktion selbst – und nicht im Reden darüber. Es ist hier nicht der Platz, solche Übungen en detail vorzustellen; der Markt ist voll von Theaterhandbüchern, Spielanleitungen etc., so daß jeder und jede Interessierte hier leicht Informationsmaterial findet. Wichtiger wäre übrigens, für Lehrerinnen und Lehrer allemal, selber solche Spielformen auszuprobieren, eigene Erfahrungen zu sammeln (möglicherweise durchaus ‚lustvoll' und die schulische Solidarität im Kollegenkreis fördernd) – erst dann können sie in der Schule Erfahrungen anderer auch wirklich anleiten.

5.3 Zwischenergebnisse

„... daß sie zwar manchmal keine Lust mehr hatten", berichteten die Umbra-Kinder des Bielefelder Projekts – das korrespondierende ‚aber' ergibt sich dann vom Produkt, vom Erfolg her: Der legitimiert Zwischentiefs. Von solchen Motivationslöchern weiß fast jeder Projektbericht. Nicht durchgängig, nicht lückenlos kann die Aussicht auf eine erfolgreiche Präsentation die Schüler bei der Stange halten. In den meisten Fällen werden solche Phasen nachlassender Motivation mit neuer Spannung versehen, wenn Zwischenergebnisse, also eine Art ‚Vor-Produkt', mit allen Vorläufigkeiten und Unfertigkeiten vorgetragen werden. Letzteres bezeugt, daß auch ‚die andern' noch lange nicht fertig sind, hat also einen Solidareffekt; die Tatsache, daß überhaupt schon etwas vorzustellen ist, zeigt, daß etwas im Entstehen ist, das Produkt sichtbarer wird als in irgendeiner Planungsphase. Diese Zwischenbilanz im Plenum der Klasse vorzunehmen bedeutet bereits, eine erste Form der Öffentlichkeit herzustellen. Deren Applaus ist meist sicher, und das heißt ja auch Anerkennung des bisher Erreichten (auch durch den Lehrer). Zu nutzen ist diese erste Veröffentlichung auch für Kritik, die wir zu institutionalisieren vorschlagen: Jedes Zwischenergebnis kommt ganz selbstverständlich auf das Prüfstand. Mit Blick auf das spezifische Produkt, das sich die Projektgruppe vorgenommen hat, werden Formulierungen, gefundene Materialien etc. kritisch unter die Lupe genommen. Natürlich ist bei Kritik an Schülerprodukten immer Sensibilität gefordert. Da die vorgeschlagene Kritik aber, wenn sie institutionalisiert ist, zum Ritual gehört, selbstverständlicher Bestandteil der Arbeitsweise, funktional auf ein Ziel bezogen ist und von einem sozialen Klima getragen ist, wie es vorher skizziert wurde, ist die Verletzbarkeit des einzelnen gering. Die Kritik prägt vielmehr auch die Ernsthaftigkeit des Vorhabens und der Arbeitsweise. Was ich an die Öffentlichkeit bringen will, muß auch standhalten, darf mich und uns nicht blamieren. Deshalb stellt Kritik auch einen die gesamte Projektarbeit begleitenden und letztlich stützenden Impuls für Überarbeiten, am Produkt Feilen, Korrigieren, Verbessern etc. dar, der auch immer wieder als Motivationsschub fungieren kann.

5.4 Produktrepertoires und Präsentationsformen

Da die Schüler in der Regel kaum über Erfahrungen mit Projektarbeit verfügen, muß die Lehrerin/der Lehrer selber ein Repertoire an Produkt- und Präsentationsmöglichkeiten zur Hand haben, aus dem den Schülern Vorschläge gemacht werden können. Die Liste der Einsendungen zum Stuttgarter Preis (s. S. 129 ff.) und die Dokumentation der Projekte (S. 9 ff.) geben dazu schon einiges an. Stichwortartig seien nochmals einige Produktformen genannt:
- Eher analytische, kognitive Formen: Thesenpapiere, Skizzen, Modelle (auch auf Folien), Statistiken, Tabellen (z. B. bei Umfrageergebnissen), Wandzeitungen, Plakate; Präsentationsform: z. B. Stellwände, schulinterne Ausstellung. Viele Schüler legen auf solche Möglichkeiten der Produktgestaltung Wert, weil sie mit ihnen am ehesten vertraut sind.
- Fiktionale Formen und Spielformen: fiktive Interviews (mit Politikern, Künstlern), literarisches und reales Rollenspiel, Wettspiele (Eltern und Schüler erzählen Märchen um die Wette), theatrale Spieltexte, Dialogtexte, kleine Szenen; Imitation von Fernseh-Spielsendungen (z. B. Pro und Contra, Der heiße Stuhl), Podium – Produkt- und Präsentationsform gehen hier ineinander über: Aufführung vor und mit Publikum. Trotzdem muß die Vorbereitung des ‚Produkts' von der Präsentation klar getrennt sein; etwa bei einer Podiumsdiskussion, bei der wiederum die eher analytischen Formen integrierbar sind, ist genaue Planung und Strukturierung nötig (Diskussionsteilnehmer, Gesprächsleiter/Moderator, einzuladende Gäste/VIPs, inhaltliche Positionen, illustrierende Schautafeln, Folien, Videoausschnitte als Einblendungen in die Diskussion etc.).
- Mediale Formen: Buch, Rundfunkfeature, Hörspiel, Reportage, Videoaufnahme, Zeitungsformen (Glosse, Reportage, Kommentar), Werbetexte und -sendungen, Soap Operas (vgl. Denver Clan), Text-Bild-Musik-Collage, überhaupt alle Collageformen (Text-Karikatur-Bild), Ton-Bild-Schau, Multi-Media-Schau. – Auch hier sind teilweise medienspezifische Präsentationsformen vorgegeben, die allerdings bei größerem Publikum langweilig oder technisch schwierig sind (Hörspiel vor 200 Leuten, vgl. Fabian; Videofilm auf 55-cm-Bildschirm). Deshalb eignen sich hier oft multimediale Präsentationsformen oder solche, die dem Literaturbetrieb, dem literarischen Leben ‚nachgemacht' sind: Leseabende, Matineen, Literaturkritik (Bestenliste, ‚Viererbande'). Sehr spannend und attraktiv auszugestalten sind auch alle Möglichkeiten der Inszenierung literarischer Texte: Rezitation, Lesen mit verteilten Rollen, szenisches Lesen, chorisches Lesen, ‚Sprechoper'.

In den Projektberichten kommen häufig *Doppelpräsentationen* vor: Weil „es so viel Spaß gemacht hat", möchten alle noch einmal... Oder: Die eine Präsentationsform wird als zu statisch, zu wenig direkt kommunikativ empfunden. Deutlich eben dies im Riedlinger Projekt (57, s. Seite 25 ff.): Zunächst wird ‚nur' eine Ausstellung geplant; dann ergibt die Projektarbeit eine zunehmende Bereitschaft zu anderen Formen: „Erwähnenswert ist [. . .], daß die Schüler – mittlerweile sehr zusammengewachsen – viel mehr zu Rollenspielen, Verkleidungen etc. bereit waren. Also entstand z. B. eine Fotoserie [. . .]" Deutlich, wie hier wiederum die soziale Ebene eine wesentliche Rolle spielt: Gegenüber der ‚anonymen' Präsentationsform der Ausstellung sind persönlichere, individuell identifizierbare Formen des freien Spiels vom Zusammenwachsen der Gruppe abhängig. Die Unmittelbarkeit des Vorspielens wird aber noch medial distanziert, ‚mediatisiert' (Fotoserie). Das Gegenstück zur Ausstellung werden im nächsten Entwicklungsschritt Leseabende, die direkten Kontakt zum Publikum ermöglichen. Mag dahinter auch ein Moment der Selbstdarstellung stecken, so ist die Ausführung dieser Leseabende dann gleichwohl ein Ausdruck zunehmender Souveränität und Vermittlungskompetenz der Schüler in Sachen Literatur. „Schließlich entpuppte sich der Leseabend Nr. 1 fast als szenische Darstellung mit Requisiten, Musik, Film, zum Thema ‚Wirkung des Bösen' am Beispiel von Goethes ‚Faust' und Klaus Manns ‚Mephisto'. Um zu einer geschickten Nahtstelle zu kommen, war schon eine kleine eigene Regie nötig." Der Trend zur Doppelpräsentation zeigt eine deutliche Tendenz zur Dynamisierung des Produkts: Aus der Ausstellung wird eine offene, direkte, das Publikum unmittelbar ansprechende szenische Realisierung. So auch oft bei Buchproduktionen, zu denen dann die Buchvorstellung im Rahmen einer Matinee mit Lesung, Bewirtung, Kritik kommt. Das Selbstbewußtsein einer geschafften Produktion setzt offensichtlich Kräfte und Kompetenzen frei, auch für die Selbstdarstellung in der Öffentlichkeit.

6 Projekteinstiege

„Will man in der Schule ein Projekt beginnen, ist es empfehlenswert, dabei einige Grundzüge zu beachten:
1. Man suche ein passendes Schlagwort und lasse die Schüler darüber nachdenken – laut natürlich, um die Ideen gleich schriftlich festhalten zu können. Es geschah so: das Schlagwort ergab sich von selbst während einer Deutschstunde ‚Literatur zum Anfassen'...
2. Man bringe die Schüler dazu, sich die Verwirklichung der Ideen vorzustellen – ‚Wie würdet ihr das machen, wenn es denn sein sollte...'
3. Man überzeuge die Schüler, daß ihre Ideen wirklich gut sind, was nicht allzu schwerfallen dürfte – und dann erkläre man das Projekt für begonnen, die Ausarbeitung für soeben angefangen (im besten Fall sollte es gerade dann zur Pause klingeln).

Na ja, da hatte es uns kalt erwischt. Sich Gedanken zu machen und diese dann in die Tat umzusetzen sind eben zwei Paar Stiefel. Wir haben dann allerdings trotzdem angefangen zu arbeiten, weil ausgerechnet wir nicht zu denen gehören wollten, die ‚immerzu nur reden' . . .“ (Peter Majer, Schüler des Riedlinger Projekts; 57).

„Niemand hatte sich genau vorstellen können, wieviel Arbeit das spontan geborene Projekt, dessen Ziel eine Dokumentation in Form eines Buches sein sollte, wirklich kosten würde. – Vielleicht wäre man auch sonst nicht mit solcher Begeisterung auf die Suche nach Spuren Thomas Manns hier in Italien gegangen. Denn trotz dieser anfänglichen Begeisterung wurde sich jeder sehr bald der Schwierigkeit der selbstgestellten Aufgabe bewußt: Hier galt es nicht, sich unter geringstmöglichem Krafteinsatz ein Referatsthema zu erarbeiten, bei dem der Lehrer für Material sorgte und für Fragen zur Verfügung stand: hier zeigte es sich, daß unser Projekt nur unter vollem Arbeitseinsatz eines jeden Erfolg haben konnte, da wir uns diesmal eben nicht auf pädagogisch vorbereitetem, schon geebnetem Boden bewegten. Der beruhigende, feste Grund schon im Vorhinein schulisch ausgearbeiteter, festgelegter Methoden war uns unter den Füßen weggenommen. Genau dieser freiheitliche Schwebezustand war es aber, der mir und den anderen Mitgliedern des Kurses ungeahnte Energie verlieh. Einmal wußte der Lehrer genausoviel oder -wenig wie wir; es gab keinen Erwartungshorizont, nach dessen Maßstab man irgendwelche Leistungen erbringen sollte, sondern man war einzig und allein auf persönliche Findigkeit angewiesen“ (Julia Graf, Schülerin im Spurensuche-Projekt; 53, s. Seite 16 ff.).

„Die Entscheidung für dieses Projektthema hatte ganz unterschiedliche Hintergründe. Einmal war seit Beginn dieses Schuljahres klar, daß in den Wochen vor Weihnachten nach verschiedenen Übungsphasen über Wortarten und Satzteile und nach Unterrichtsthemen, die eher auf Lernen und Wissen ausgerichtet waren, nun eine produktorientierte Phase folgen sollte, entsprechend der ausdrücklichen Neigung der Kinder bedeutete das Theaterspielen.“ „Diese 5 Märchenfassungen ergaben sich aus der Büchervorstellung der Schülerin Ines. Auch in diesem Schuljahr stellten nämlich alle SchülerInnen ein Buch ihrer Wahl vor [. . .] Ines hatte sich zum Vorlesen die Geschichte vom ‚Schreckensrotkäppchen' (aus E. Kishons besten Familiengeschichten) ausgesucht [. . .] Und dann ergab eine Idee die nächste. ‚Das kann man auch gut spielen', sagte Ines . . .“ (Projektleiterin ‚Rotkäppchen × 5'; 72, s. Seite 47 ff.).

Zwei Schülerurteile und ein Lehrerurteil über Projekteinstiege aus über 80 Projektdokumentationen, die bei aller Unterschiedlichkeit (vor allem thematisch, alters- und schulartenspezifisch bedingt) doch vergleichbare Muster erkennen lassen. Projekte resultieren für Schüler wie für Lehrer vorwiegend aus Defiziten oder Grenzen des traditionellen Unterrichts. Am Anfang des Projekts stehen Ideen und Interessen von Schülern und von Lehrern. Diese Ideen und Interessen sind anfangs nur durch eines bestimmt: „Mal was anderes machen“, Tastversuche und Neuland betreten, das Ritual und die Routine aufgeben. Für die Schüler heißt das, Handeln statt Reproduzieren, Selbermachen statt Nachmachen, für die Lehrer heißt das, Vorschlagen statt Bestimmen, Anregen statt Festlegen. Hieraus ergibt sich, daß die Zielsetzung der Projektarbeit im Miteinander von kognitiver, kommunikativer und sozialer Kompetenz liegt. Dieses Miteinander verlangt zwischen Lehrern und Schülern sowie den Schülern untereinander ein Vertrauensverhältnis. Schon den Projektbeginn markiert ein unverzichtbarer Vertrauensvorschuß: Ich bin überzeugt, daß Schüler Ideen und Fähigkeiten haben und entwickeln können, wenn man ihnen den Raum zur Entfaltung gibt.

Der Projekteinstieg hat Signalcharakter. Er definiert sich mit gutem Grund als Besonderheit gegenüber dem Schulalltag. Er unterbricht Rituale und Konventionen. Sicherheiten für den Lehrer werden aufgegeben, Rollenmuster für den einzelnen Schüler in Frage gestellt. Das Erfolgsrezept des Projektunterrichts ist der Beginn: Wer Ideen hat, der will sie realisieren, wer Probleme benennt, der sucht nach Lösungswegen. Das didaktische Einmaleins für den Projektunterricht heißt daher: Ideen äußern lassen, Probleme formulieren lassen, als Lehrer aktiv zuhören, wenn gewünscht, Impulse und Anregungen geben, vor allem aber, Schüler machen lassen.

6.1 „Da gab eine Idee die andere" oder: Wie Literaturprojekte entstehen

Spontaneität („Spontan haben wir . . .") entsteht nicht im luftleeren Raum. Wenn sich in der Sprache eines Riedlinger Gymnasiasten zu einem ‚passenden Schlagwort' wie ‚Literatur zum Anfassen' (57) bei Kursschülern Ideen einstellen, dann greifen diese Ideen auf Inhalte zurück, die zuvor im Unterricht vermittelt worden sind. Hinzu kommt, wie in diesem Fall, ein äußerer Anlaß: ein Schuljubiläum und die Frage einer Deutschlehrerin, was könnten „wir da machen". Ein literaturgeschichtliches Potpourri stellt sich ein von Goethes ‚Faust' über E. T. A. Hoffmanns ‚Goldnen Topf', Fontanes ‚Effi Briest', Kafkas ‚Prozeß', Hesses ‚Steppenwolf', Brechts ‚Guten Menschen', Klaus Manns ‚Mephisto', Johnsons ‚Mutmaßungen'; so weit so gut und alles beim alten, könnte man meinen, wenn eben nicht das mit dem ‚Anfassen' wäre. Eigene Leseerfahrungen für andere im wörtlichen Sinne begreifbar und anschaulich machen, das war eine bisher nicht gekannte Dimension des Unterrichts. Die Idee einer Ausstellung in den Räumen der Stadtbibliothek wird geboren. Schüler vermitteln Bürgern in literarischen Texten auch eigene Sichtweisen. An die Stelle des „Interpretiere, zeige am Text auf, ordne in den Kontext ein" setzen die Schüler Requisiten, Fotos, szenische Arrangements, schlüpfen in literarische Rollen („Guten Tag. Ich bin Gesine Cresspahl und – darf ich vorstellen, das ist mein Vater, Heinrich Cresspahl"), gestalten literarische Leseabende. Da wird eine Faschingshexe mit Dreifuß und Kessel für Fausts Hexenküche herbeigeschleppt, da wird Effis Kinderschaukel an den Dachbalken montiert, da zieht eine Spielzeugeisenbahn (Leihgabe des örtlichen Spielzeughandels) zur Illustration von

Johnsons ‚Mutmaßungen' ihre Kreise, da lehnt die tüllbehangene Schaufensterpuppe ‚Iphigenie' an einer selbstgebastelten ‚Säule des Dianentempels', umringt von erklärenden Wandzeitungen etc., kurz, da wird aus einem originellen Impuls ‚Anfassen' und aus Vorkenntnissen eine Projektidee, die in vielfachen Variationen Nachahmung finden könnte.

Szenenwechsel: Rom, deutsche Schule, Leistungskurs Deutsch, Thomas Manns ‚Tod in Venedig'. Der Kursleiter verspürt Ungenügen, bringt auf den Begriff, was viele FachkollegInnen teilen: „Infragestellen des Alleinvertretungsanspruchs von Textanalyse und Interpretation als Königsweg im Umgang mit Literatur", „veräußerlichtes Pflichtinteresse oder gar ernstzunehmende Abwehr von Schülern gegen Literatur", „Ungenügen des analytischen Lehr- und Lernwegs", „Sach- und Wiederholungszwangs des Frage- und Antwortspiels im Unterricht". Der Mangel ist die Geburtsstunde der Idee: ‚Spurensuche: Thomas Mann in Italien' (53). Spurensuche, eine Anregung mit Faszinationskraft, ein Impuls mit Aufforderungscharakter. Die Idee wird verstärkt durch ein Ziel: Wir könnten ein Buchprojekt machen. „Also, raus aus der Schule und literarische Stadtindianer spielen." Zur anfänglichen „Begeisterung", so erfahren wir von der Schülerin Julia Graf, mischt sich rasch die Gewißheit, daß der „feste Grund [...] uns unter den Füßen weggenommen [war]"; und der „freiheitliche Schwebezustand" wird auch wahrgenommen als Einsicht, daß es jetzt weniger auf den Lehrer als auf „eigene Findigkeit" ankomme. Ein Ziel ist gesetzt, aber die Wege dorthin sind offen. Die Schülergruppe erkennt rasch, daß Vorinformationen eingeholt werden müssen, Biographien werden durchblättert, Fragen formuliert, Lücken werden erkannt, ohne „literarisch-biographisches Koordinatensystem" geht es nicht, die Rolle des Lehrers variiert zwischen Mannschaftsteil und Lotse, aber blinde Passagiere kennt dieses Projekt nicht.

„Literarische Stadtindianer" und „Spurensucher", nein, sie sind nicht nur unter den zugegeben besonderen Bedingungen einer Aura wie Rom und Thomas Mann, unter den Voraussetzungen eines bildungsbürgerlichen Kontexts denkbar, den eine deutsche Auslandsschule bietet. Da wird in einer erweiterten Oberschule in Neubrandenburg der Heimatschriftsteller Fritz Reuter (34) zum Mittelpunkt des Interesses, da werden Nachfahren befragt, Örtlichkeiten aufgesucht, in der Stadtbibliothek und in Archiven gestöbert. Da könnte weitergefragt werden, wer sind seine Leser, wie und warum hat sich das Leseinteresse gewandelt, die Kategorie „Heimatschriftsteller" wäre zu beleuchten etc. ... Da lassen sich, ausgehend von literarischen Reisebeschreibungen, eigene Schreibversuche anstellen, da können Spuren von Sagen in der eigenen Umgebung erkundet werden, da gibt es Straßennamen und Plätze (nicht nur die Wilhelmstraße und den Bahnhofsplatz, sondern die Heinestraße, den Freiligrathweg, das Lessing-Gymnasium), da arbeiten seit Jahren zwei Jugendbuchautoren und eine Buchillustratorin in unserem Stadtteil, in unserer Gemeinde, da gibt es in unserer Kreisstadt zwei Buchhandlungen und vier Zeitungskioske, was da wohl an Literatur verkauft wird, an wen und warum? – Spurensuche für jeden, der nur die Augen und das Klassenzimmer aufmacht.

Szenenwechsel: Kurt-Schumacher-Schule in Karben bei Frankfurt, 8. Klasse Gymnasium, der Jahresplan für das zweite Halbjahr „Erbwort, Lehnwort, Fremdwort", „Konjunktiv I und II", „Charakteristik", „Kurzgeschichte" und „Textsorten einer Tageszeitung" wollen die Kollegin so recht nicht entzükken. Das Ungenügen verweist auf den eigenen Bücherschrank. Da ein Buch mit dem Titel „Zwei Frauen auf dem Weg zum Bäcker", vor einiger Zeit gekauft, aber noch nicht gelesen. Alltagsbilder auf der einen Seite, kurze Geschichten auf der anderen Seite. Eine Idee ist im Kopf. Das Buch fasziniert die Klasse: so etwas könnten wir auch machen. Die Bilder werden betrachtet, über Geschichten wird geredet, Entsprechungen, Spannungen zwischen Text und Bild werden wahrgenommen, literarische Muster erkannt, Vergleiche angestellt. Nach einigen Tagen „brachte ich einen Karton voller Bilder mit: Zeitungssbilder, Fotografien [...] Wortlos kippte ich den Inhalt des Kartons auf den Boden ... So war die Idee zu unserem Projekt ‚33 Bilder – 33 Geschichten' (78, s. Seite 43 ff.) geboren." Schreibprojekte haben Konjunktur, und deren Ursachen liegen neben dem berechtigten Bedürfnis nach Subjektivität in standardisierten Schreibritualen (oder Abschreibritualen) des Unterrichts, die wenig authentische Anlässe kennen. „Die meisten Schüler der Klasse 8 G hatten noch nie aus einem Gefühl heraus statt nach vorgegebenen Regeln geschrieben. Das Ergebnis war dann oft ein fader oder gekünstelter Text und eine schlechte Note dazu. Daß Worte von innen kommen können, war ihnen zwar bewußt, doch der Deutschunterricht (auch mein Deutschunterricht), der besonders auf Förderung des begrifflichen Denkens ausgerichtet ist, hat ihre kreativen, nach bildhaftem Ausdruck strebenden Fähigkeiten oft blockiert", erfahren wir von der Projektleiterin.

Im Projekt ‚Lesekiste' (47) hat der Deutschlehrer einer 8. Gesamtschulklasse die Idee, für die Grundschulkinder der Schule ein Lesebuch schreiben zu lassen. Die Klasse findet das „Spitze", nicht zuletzt, weil es gelingt, die Kinderbuchautorin Ursula Fuchs zur Mithilfe zu gewinnen. Bilder, Witze, Comics, Geschichten entstehen in der Schreibwerkstatt, der Computer und das Schreibprogramm haben ihre eigene Faszination, die Texte sollen vervielfältigt und gebunden werden, Schüler fühlen sich als Autoren. In der Projektbeschreibung äußert sich ein Schüler zu der Frage „Was hältst du vom Schreiben" wie folgt: „Wir mußten in der Grundschule ziemlich viel lesen und schrieben dann vom Text einzelne Wörter ab. Und das ging das ganze Buch durch. Es ging ganz gut, bis in die 3. Klasse. Da schrieben wir das erste Diktat. Als wir es zurückbekamen, sah ich, daß fast alles falsch war. Es war ein komisches Gefühl. Ab da fand ich das Schreiben nicht gut. Bis heute ist Schreiben eine Qual; ich denke, ich werde alles falsch schreiben" (M. Bauer, Schüler, Projekt ‚Lesekiste' [47]). Schreibblockaden abbauen, Zuversicht wecken und verstärken, Hilfestellungen geben statt mit Richtig und Falsch bewerten, sich gegenseitig Texte vorlesen und korrigieren lassen (nicht mit Rotstift, sondern mit Bemerkungen wie „Ich fänd' es gut, wenn ...", „Ich könnte mir vorstellen, daß ...", „Probier mal, wie es klingt, wenn ...", „Laßt uns mal überlegen, was sich ändert, wenn der letzte Satz weggelassen wird . . ."), das ist die Sprache, die in Schreibprojekten sehr häufig, im Unterricht selten gesprochen wird, und die Schreiblust, die in den Projektbeschreibungen spürbar wird, verlangt Nachahmung: regt Kinder mit vielfältigen Schreibimpulsen zum freien Schreiben an (vertraut neben dem Zauberstab des Clusterings nach Gabriele L. Rico[2] auch eurer eigenen Kreativität und der eurer Schüler), schafft außer dem Lehrer andere Adressaten, löst die Texte aus dem linierten Schulheft, laßt etwas gestalten, laßt illustrieren, macht Texte öffentlich und macht, daß die Schüler am Ende des Projekts etwas Vervielfältigtes oder Gebundenes in Händen halten, das anders in Erinnerung bleibt als das „Ein Punkt Reclam-Heftchen".

6.2 „I-Tüpfelchen"-Spielideen und Körpererfahrungen

Grenzen und Einengungen anderer Art bilden den Ausgangspunkt für Projekte, die sich der Dimension des „Darstellenden Spiels" und des Films zuwenden. In einer 6. Klasse der Bielefelder Laborschule beschließt die Fachlehrerin, nach einer Unterrichtseinheit über Wortarten und Satzglieder der ausdrücklichen „Neigung der Klasse zum Theaterspielen" nachzugeben. Was spielen, heißt da die Frage, und als Ines aus Kishons Familiengeschichten das ‚Schreckensrotkäppchen' vorliest, stellt sich zum Gelächter der Kinder auch gleich die Idee ein, das müßte man spielen. Jetzt äußert ein anderer, das Märchen von den Brüdern Grimm gefalle ihm aber besser, wieder ein anderer erinnert sich an eine Rotkäppchen-Fassung von Thaddäus Troll, die Lehrerin greift die Anregungen auf, erweitert die Palette um zwei weitere Parodien – das Chaos scheint perfekt, wie werden wir uns da einigen? Das Ergebnis des Projekts (72, s. Seite 47 ff.) zeigt den Weg: fünf verschiedene szenische Texte zum Rotkäppchen-Thema werden in verschiedenen Gruppen verfaßt und den Eltern vorgespielt.
„24 sehr engagierte und vor allem auch fröhliche Schülerinnen" der Klasse 10 c der St. Ursula-Schule in Geisenheim am Rhein haben eine Filmidee. Der Vorschlag der Lehrerin, ein Projekt ‚freies Schreiben' zu machen, unterliegt. „Obgleich dieses Vorhaben für die Mädchen wie auch für mich Neuland war, reizte uns diese Idee", vermerkt die Kollegin in ihrer Projektbeschreibung. Daß das Projekt (43, s. Seite 31 ff.) dennoch nicht voraussetzungslos war, belegen zwei Hinweise: Die Schule hat eine ordentliche Videoausrüstung, zwei Mädchen der Klasse sind Mitarbeiterinnen in der langjährigen Video-AG, zu Beginn des Schuljahres wurde eine Unterrichtseinheit „Filmanalyse" (Verfilmung literarischer Vorlagen) durchgeführt. Aber nun war in den Augen der Klasse Schluß mit dem Reden über Filme,

---

(2) Gabriele L. Rico: Garantiert schreiben lernen. Sprachliche Kreativität methodisch entwickeln – ein Intensivkurs auf der Grundlage der modernen Gehirnforschung. Rowohlt, Reinbek 1984.

„Selber Filmen" hieß die Devise. Und jetzt wird vorgeführt, daß originelle Schülerideen allein ein Filmprojekt tragen können: Wir wollen keine Vorlage nachfilmen, sondern ein eigenes Drehbuch schreiben, wir wollen was Lustiges machen, und da fällt das zündende Schlüsselwort: „Denver-Clan" oder „Dallas"-Parodie. Als der Haupthandlungsstrang der Denver-Reihe auf die „Rivalität zweier Frauen um einen Mann" reduziert wird, kommt zur Idee noch „ein zusätzliches I-Tüpfelchen". Das „Rhein-Wein-Ambiente" und die lokale Rivalität bei der Wahl zur Rheingauer Weinkönigin machen den Schülerinnen spontan klar, daß nicht nur Hollywood große Filmstoffe zu erfinden vermag. Man einigt sich, daß ein „Drehbuchteam" bis in vier Wochen vorwiegend in häuslicher Gemeinschaftsarbeit eine Drehbuchskizze entwirft (lose Vorgaben: Rivalität der Weinköniginnen, Gut–Böse-Klischees, traditionelle Rollenverteilung, Dialoge im Lokaldialekt, Berücksichtigung lokaler Verhältnisse und möglicher Schauplätze). Ein Projekt ist auf den Weg gebracht, die Realisierung des Films „stressig, aber immer auch lustig" und das Ergebnis „eine tolle Erinnerung an meine Schulzeit und meine Klasse" (Schülerin in der Projektbeschreibung).

,Gefühlsausdruck in Wort, Ton und Körpersprache' (69, s. Seite 35 ff.), so das Thema eines fachübergreifenden Projekts in einer Bremer Gesamtschulklasse 11, und schon der Titel allein genügt, um die Kluft zur Kreide- und Tafel-Didaktik sichtbar zu machen. Die Projektidee entspringt hier der Überzeugung zweier Lehrerinnen (Deutsch und Musik) und einer Schauspielerin des Jugendtheaters MOKS, daß das In-Beziehung-Setzen von sprachlichen, musikalischen und darstellenden Handlungs- und Aktionsformen durch Fächerisolation verhindert wird. Die Projektidee, auch in diesem Falle auf ein gemeinsames Ziel orientiert: Präsentation einer „Theater-Musik-Collage" vor der Schulöffentlichkeit. Der Projekteinstieg heißt in diesem Modell: Schüler sensibilisieren, Sinne öffnen für die Wahrnehmung von eigenen Gefühlen und den Gefühlen anderer. Neben Bekanntem (pantomimische, szenische, lyrische Gestaltung des ersten Schultags) auch Neuland: Ein Besuch in einem Kindergarten wird vorbereitet. Wir wollen einmal genau beobachten, wie kleine Kinder miteinander umgehen (Art der Gefühle, die sie äußern, Formen der Gefühlsäußerung: Gestik, Mimik, Sprache, Gesang, Handlung, Interaktion). Eine Exkursion zum Bremer Hauptbahnhof steht auf dem Programm: Beobachtungen zum Thema ‚Willkommen' und ‚Abschied'. Hörgewohnheiten werden thematisiert, Klangexperimente gemacht, die einen Einblick in die Ausdruckspalette musikalischer ‚Sprache' geben, ein Keyboard-Studio mit 17 schuleigenen Keyboards schafft Produktionsatmosphäre. Eine professionelle Schauspielerin vermittelt Lehrern und Schülern ein Repertoire, das als Pflichtprogramm schon längst Eingang finden müßte in Schule, aber auch Lehrerfortbildung: Sensibilisierungsübungen zum Abbau von Berührungsängsten, Warm-ups, Entspannungs-, Atem- und Stimmübungen. Hier wird vermittelt, daß es Unterschiede zwischen Lesen und Ablesen, Sprechen und Nachsprechen, Spielen und Nachspielen gibt. Hier heißt es nicht: Rollentext schreiben, Kulissen basteln, Theaterspielen, sondern sich zunächst einmal klarwerden über die Vielfalt unserer Ausdrucksmöglichkeiten: „Die integrierte Körperarbeit bringt viele Prozesse in Bewegung. Die Beobachtung von Körpersignalen wird geschärft, so daß jeder die eigene emotionale Befindlichkeit und die der Partner ernst nehmen kann. Damit verbunden ist, daß Inhalte nicht mehr allein über den Kopf, sondern unter Einbeziehung der Sinne reflektiert werden", heißt es resümierend in der Projektbeschreibung. Ja, auch das ist Unterricht an der Schule, außergewöhnlich in Form und Inhalt, manches diffus, offen und experimentell, aber ausgerichtet an Subjekten und weniger an Objekten. Und bevor die Schulpraktiker einwenden mögen, der Schulunterricht habe dafür keinen Platz, sollte über bescheidene Transfermöglichkeiten nachgedacht werden: Wann habe ich zum letztenmal in meinem Unterricht das Hauptwerkzeug des Schülers wie des Lehrers, die Stimme, zum Thema gemacht? Wann habe ich beim Vortrag eines Gedichts oder beim literarischen Rollenspiel zuerst über „Atmung" gesprochen? Was bedeuten für mich Kategorien wie: „Spannung aufbauen" – „Loslassen", „Körperzentrum spüren", „Erden", „Zentrieren", „Bodenkontakt"? In welcher Stunde habe ich die letzte Konzentrationsübung gemacht? Welchen Text habe ich in der Klasse im Sitzen, im Stehen, im Liegen lesen oder vortragen lassen, wann habe ich den Schülern die Gelegenheit gegeben, in bewußt variierendem Sprechen (leise–laut–leise) ihre eigene Stimme zu entdecken, wo habe ich, ausgehend etwa von dadaistischen Sprachexperimenten oder von modernen Lautgedichten, über Vokalismus und Konsonantismus gesprochen? Wo habe ich in Zusammenarbeit mit meinem Musikkollegen Übungen und Experimente zum Rhythmisieren von Namen und Wörtern gemacht, wann habe ich angeregt, Gedichte zu vertonen, hat schon einmal ein Schüler bei Kafkas ‚Aufbruch‘ die Trompete geblasen?

6.3 Exkurs: Grundschulprojekte

Beachtet man die Darstellung von Projekten in Grundschulen, so fällt auf, daß projektorientiertes Arbeiten in dieser Schulart beinahe integraler Bestandteil des Unterrichts ist. Sicherlich wird dieser Sachverhalt durch zwei wesentliche Voraussetzungen begünstigt, die in den weiterführenden Schularten meistens fehlen. Der (die) Klassenlehrer(in) deckt weite Bereiche des Fachunterrichts ab, was fächerübergreifendes Arbeiten entscheidend begünstigt. Zum zweiten, und dies ist weit mehr als äußerlich, wird das Klassenzimmer zu einem Stück Lebensraum der Schüler, in dem die Materialien für verschiedene Gestaltungsversuche ebenso präsent sind wie die Zwischen- und Endergebnisse aus projekthaften Arbeiten.
Während an der einen Wand 18 großmäulige Dinosaurier in Sprechblasen eine Geschichte erzählen, baumeln von der Decke ebensoviele Marionetten, die bei der ‚Geschichte vom Gespensterchen‘ zum Einsatz kamen. Kinder, die am nächsten Morgen ihr Klassenzimmer betreten, finden hier mehr vor als Tische, Stühle, eine Wandtafel und die Schulordnung, zwei Tierposter oder ein Hardrockposter nicht zu vergessen. Neben diesen eher schulorgani-

satorischen Vorzügen scheinen auch die Arbeits- und Sozialformen dem projektorientierten Arbeiten entgegenzukommen. Stuhlkreis, Partnerarbeit, Gruppenarbeit sind hier Selbstverständlichkeiten und werden gestützt durch pädagogisch liebevolle „Orientierungsmuster", die sich im ‚Drachenprojekt' einer Hamburger Kollegin wie folgt lesen:
- „Frühstücks-Lesen - Am Freitag wird im Klassenraum gemeinsam gefrühstückt. Dabei lese ich, in letzter Zeit auch manchmal ein Kind, fortlaufend aus einem Kinderbuch vor.
- Wanderbuch - Abwechselnd bekommt je ein Kind ein Buch zur Vorbereitung eines Abschnittes mit nach Hause und liest zu Beginn jeder Deutschstunde, soweit diese kein anderes Textthema hat, daraus vor.
- Leseecke - Sie ist mit Sachbilderbüchern gut ausgestattet, abgeschirmt und gemütlich, dient zum stillen, individuellen Lesen, das heißt auch dem sinnvollen Ausgleich unterschiedlicher Arbeitstempi.
- Bilderbuch - Gespräch - Sprech- und Gesprächserziehung erfolgt zu einem guten Teil über das Medium Bilderbuch. Es ermöglicht eine weite Spanne von benennenden, beschreibenden, vermutenden, entfaltenden und präzisierenden Aussagen" (11, s. Seite 57 ff.). Nicht um die unkritische Übertragung der genannten Rahmenbedingungen und Orientierungsmuster auf andere Schularten ist es zu tun, sondern um die Überprüfung, was daran grundschul-/altersspezifisch und was davon verwertbar ist für den eigenen Unterricht.

7 Projektphasen

Der Aufbau eines Projekts in Phasen, die Gliederung des Projektverlaufs also, ist in den Projektberichten, auf die wir unsere Suche nach transferierbaren Möglichkeiten empirisch beziehen, unterschiedlich stark akzentuiert. Auffällig ist immerhin eine deutliche Tendenz zu klarer Strukturierung. Das hängt sicherlich damit zusammen, daß die Produktorientierung sowie das ganze Arbeitsverfahren zu einer genaueren Planung zwingen, als es häufig der normale Unterricht einzufordern scheint. Die Selbständigkeit des Einzelschülers braucht die Übersichtlichkeit der kollektiven Planung, um sich nicht in der individuellen Arbeit und damit dem Konnex zum gemeinsamen Vorhaben zu verlieren; die Orientierung auf ein Produkt, das zu einem bestimmten Zeitpunkt, unter bestimmten äußeren Bedingungen präsentiert werden soll, erzwingt mindestens ein genaues Timing.
Aus den vielen, teilweise ja auch hier vorgestellten Beispielen habe ich nun eine Art Phasenmodell herausdestilliert, in dem alle u. E. typischen Projektphasen in ein Ablaufmodell zusammengebaut sind. Nicht jedes reale Projekt wird jede dieser ‚idealen' Phasen in gleicher Gewichtung benötigen. Für die Planung von Projekten kann ein solcher Fahrplan gleichwohl praktische Hilfe leisten.

> **Phasenmodell eines Projekts**

| | I | Normaler Deutschunterricht in Form einer gängigen Unterrichtseinheit (Ganzschriftbehandlung, Grammatik), Arbeitsaufträge, aber keine Gruppenarbeit |

Planen II ┌ **Planungsphase** ┐

Planung des Projekts, des Timings, des Produkts, oft im Rahmen gemeinsamer Unterrichtsplanung (Halbjahres-, Jahresplan)

Erarbeiten III ┌ **Materialsammlung** ┐

Sammeln, Sichten, Auswerten, Ordnen von Materialien für Produkt, Problem

Öffnung zu Institutionen, Verlassen der Schule, Reisen, Forschen, Interviewen …

Verarbeiten IV ┌ **Materialaufbereitung** ┐

Material verarbeiten: Collagieren, Ergänzen, Schreiben, Überarbeiten

Zwischenergebnisse

Herstellen V ┌ **Produktion** ┐

Produkt herstellen, gestalten, Einzel- und Gruppenergebnisse kombinieren, zusammenbauen zu Gesamtprodukt

Veröffentlichen VI ┌ **Präsentation** ┐

Vorbereitung und Organisation, Durchführung und evtl. Nachbereitung (Aufräumen bis Presseberichterstattung)

Nachdenken VII ┌ **Rückblick** ┐

Methodische Besinnung, Erwerb von neuen Qualifikationen?

Verwundern mag zunächst die Phase I: die Normalität des Deutschunterrichts. Sie scheint uns indessen notwendiger und konstitutiver Kontrast zu sein: Vor dem Hintergrund des Lehrgangslernens entwickelt sich ein klares Bewußtsein für die Andersartigkeit des Projektlernens. Auch ist zuzugeben, daß Projekte oft (noch) ihre Faszinationskraft aus der Abgrenzung gegen die Routine des Schulalltags gewinnen. Nicht um den Gegensatz von Normalität und Exklusivität soll es aber gehen, sondern um das Bewußtmachen und Bewußtwerden unterschiedlicher Lernkonzeptionen. Auch wenn (irgendwann einmal) Projektlernen zum Normalfall werden sollte, ist diese Kontrastierung nicht aufzugeben. Die den einzelnen Phasen zugeordneten Verben markieren das Aktive und die Eigenständigkeit der Arbeit: Sie signalisieren, daß diese Art des Lernens fundamentaler Teil eines handlungsorientierten Deutschunterrichts ist, der den einzelnen Schüler zum verantwortlichen Subjekt von Handlungsprozessen macht, die in Schule und Öffentlichkeit unternommen werden und nicht im isolierten ‚Reagenzglas' Klassenzimmer. Dem entspricht, was graphisch in die Phase der Materialsammlung ‚hineinragt', aber eben nicht als einzelne Projektphase zu isolieren ist, sondern u. U. das gesamte Projekt immer wieder begleitet (und deshalb an verschiedenen Stellen wieder auftauchen könnte, v. a. natürlich bei den Phasen ‚Produktion' und ‚Präsentation'): die Öffnung des Projekts zu Institutionen, Instanzen, Organisationen, zu jeder Art von Öffentlichkeit hin also. Exemplarisch zeigt sich dies wiederum beim römischen Projekt ‚Spurensuche' (53): „Die Spuren unseres Dichters zu verfolgen hieß – beim Worte genommen – auch, die Schule verlassen. Aufbrechen. Reisen. Den Dichter dort besuchen, wo er sich in Italien aufgehalten hatte [. . .] Also, raus aus der Schule und literarische Stadtindianer spielen. Dort, wo unser junger Dichter gewohnt hatte: in Rom, Neapel, Palestrina, Venedig." Sicherlich sind für solche literarischen Stadtsprünge die besonderen Bedingungen einer deutschen Schule im Ausland mit ihrer besonderen Klientel (was Sprachkenntnisse, soziale Mobilität, ökonomische ‚Flexibilität' anbetrifft) von erheblichem Belang. Aber strukturell ist solches „Literarische-Stadtindianer-Spielen" auch unter einfacheren und weniger kostspieligen Bedingungen möglich.

Kernstück der Projektphasen scheint uns – außer der Planung, auf die wir noch detaillierter eingehen – die der Produktion zu sein. Hier nämlich werden die Einzelergebnisse hergestellt und zusammenmontiert. Vor allem hier geschieht Lernen mit allen Sinnen: Manuelles, Handwerkliches im unmetaphorischen Sinne steht im Zentrum. Eine Schülerin des Riedlinger Projekts (57) berichtet: „Ich selber übernahm den Aufbau jener Iphigenien-säulen, die, mehr als 2 m hoch, erhabene stille Größe darstellen mußten. Zunächst einfach gedacht – Drahtgeflecht genommen, längs zu einem runden Querschnitt gebogen, mit Papier überzogen, weiß angemalt, fertig –, stellte ich nach einem Gespräch mit meiner Kunstlehrerin, die uns zu unterstützen sich angeboten hatte, fest, daß manches, was ich bisher über griechische Säulen und Tempel zu wissen glaubte, nicht ganz kunsthistorischer Forschung entsprach." Paradigmatisch wird hier vorgeführt, wie Handwerkliches und Intellektuelles sich durchdringen. Das technische Herstellen wirft inhaltliche Fragen auf, die nur durch Blick über die Fachgrenzen gelöst werden können (fächerverbindendes Arbeiten, das sich zwangsläufig aus der Sache ergibt) und die die technische Produktion verändern.

Die übrigen Projektphasen bedürfen wohl keines Kommentars. Sie sind im übrigen in den mannigfaltigen Beispielen der Dokumentation (S. 9 ff.) deutlich und anschaulich illustriert. Das besondere Augenmerk gilt der Planungsphase (Phase II). In ihr entscheidet sich, ehe es zur inhaltlichen Arbeit im einzelnen gekommen ist, das Gelingen oder Mißlingen des Projekts (zumindest der Produktorientierungsvarianten 1 und 3, also der nicht prozeßorientierten Projekte). Die Scheu vieler Lehrerinnen und Lehrer, zu schulmeisterlich zu werden oder zu wirken durch zu genaue organisatorische und methodische Festlegungen, führt im Endeffekt oft zu Frustrationen der Schüler, zum Versagen vor der Fülle des Materials, zur Gefahr, sich in der außerschulischen Öffentlichkeit zu verlieren und dadurch Hemmschwellen nicht abzubauen, sondern zu zementieren.

In der Planung wird der kooperative Rahmen des Projekts abgesteckt. Planung selbst wird zum Inhalt, ehe die Inhalte überschaubar sind. Das macht die Schwierigkeit der Planung aus; deshalb wird in der Planung das inhaltliche Wissen des Lehrers auch allzuleicht zu Herrschaftswissen, das Ideen, planerischen Elan und Kooperationsbereitschaft der Schüler einschränkt, manipuliert oder abbaut. Insofern entscheidet sich hier auch für die Schüler-Lehrer-Interaktion bereits die Glaubwürdigkeit der Lehrerbereitschaft, wirklich Selbständigkeit den Schülern zuzutrauen und zuzumuten und auf eigene rollentypische Dominanzen zu verzichten. Manche Projekte akzentuieren deshalb die Planung als kooperatives Potential längst vor Projektbeginn; das Projekt selbst wird zum ersten Ergebnis kooperativer Planung. „Der Grundstein für die Arbeit wurde ein gemeinsam erstellter projektorientierter Jahresplan [. . .] Die Struktur der Planung wurde von der Frage: ‚Was erscheint mir (noch) notwendig?' her erarbeitet; den Schülerinnen und Schülern fielen vorerst nur Inhalte und Fertigkeiten ein, die ihnen keinen Spaß machten, ihnen aber dennoch bedrohlich notwendig erschienen" (Sprache und Sexualität; 16, s. Seite 9 ff.). Solche Planung unterwirft sich einer projekttypischen, praxis- und handlungsorientierten Fragestellung, die für die auf ihre Abschlußprüfung hinarbeitenden Hauptschüler unmittelbar Praxisrelevanz gewinnen kann, wenn sie das für sie Richtige finden (das ‚Notwendige'). Die Offenheit, mit der hier den Schülern begegnet wird und mit der die Schüler aufgefordert werden, eigene Vorstellungen zu entwickeln, ist imponierend. Je unumgehbarer Schulzwänge, Lehrplanvorgaben, Organisationsraster etc. sind oder von der Projektleitung empfunden werden, desto mehr leidet solche am Schüler und seinen Interessen orientierte Offenheit. Andererseits ist gerade mit Blick auf die internalisierten Zwänge Mut zu machen: Keine Lehrplanvorgabe, keine naturwüchsig wirkende Kursschiene ist unumgehbar.

Planung erfolgt auf drei Ebenen: Auf der *inhaltlichen* wird das Thema entfaltet, eingekreist, modifiziert, werden Fragen, Hypothesen, Untersuchungsperspektiven entwickelt, werden Produktformen diskutiert; auf der *handwerklichen* Ebene werden methodische Voraussetzungen für die Arbeit geklärt (Feststellung der ‚Lernbestände‘), wird die Eigentümlichkeit der Arbeitsweise bewußtgemacht und werden ‚methodische Geländer‘ (s. u.) angeboten und durchgesprochen; auf der *organisatorischen* Ebene werden Vereinbarungen zum Festhalten von Ergebnissen, zum Zeitablauf etc. getroffen. Bei wechselnden Inhalten sind gerade die methodischen und organisatorischen Raster übertragbar. Wir halten die Planungsphase deshalb für die wichtigste Phase eines Projekts, weil hier die für das Projektlernen wesentliche Selbständigkeit, ja Autonomie der Schülerinnen und Schüler präpariert und abgesichert wird. Geschieht dies nicht, sind sie alleingelassen und dem Inhaltlichen ausgeliefert. Wir plädieren deshalb nachdrücklich für genaue, schulmeisterliche, verbindliche Festlegungen.

Zum Organisatorischen: Jede Schülerin und jeder Schüler bekommt den vereinbarten Ablauf- und Zeitplan, der möglichst auch als Wandzeitung einsehbar im Klassenraum aufgehängt wird. Im Projekt ‚Von der Quelle zum Meer‘ (50, s. Seite 53 ff.) aus Halberstadt mit schwerhörigen Schülern einer 4. Klasse wird ein solches Timing genau festgelegt: „Zu Beginn des zweiten Schulhalbjahres wurde mit den Schülern über das Thema gesprochen und der Termin [. . .] für die Durchführung festgelegt. Dadurch sollte erreicht werden, daß die Schüler [. . .] Zeit und Gelegenheit zur Information, Beratung und Meinungsbildung hatten und sich mit ihren Eltern darüber austauschen konnten.“

Bei den meisten Projekten wird wohl die Sozialform Gruppenarbeit gewählt. Wie organisiert sich eine Gruppe? Wie wird verhindert, daß die vielen Ideen, Einzelergebnisse, Randbemerkungen der Gruppendiskussion verlorengehen? Eine gute und praktikable Lösung ist die Gruppenmappe: In ihr werden alle Materialien, Notizen, Text- und Materialfunde gesammelt. Auf das Cover werden die Namen der Gruppenmitglieder geschrieben; oft hat es auch einen ‚Solidar‘-Effekt, wenn sich die Gruppe einen Namen gibt.

Überhaupt die ‚Magie der Namen‘: Sie dienen der Identifizierung – der Gruppe und des avisierten Produkts – und geben oft einen zusätzlichen geheimen Reiz: „Der gleich zu Beginn gefundene Titel unseres Projekts ‚Spurensuche: Thomas Mann in Italien‘ (53) erwies sich als mehr als nur ein Arbeitstitel. Von ihm ging eine geheime, magische Aufforderung aus, noch versunkene literarische oder biographische Erkenntnisse wie unbekannte Schätze zu heben. Aus diesem Grunde mußte und sollte der Schulunterricht ‚gesprengt‘ werden. Nur so konnte auch die Motivation der Schüler, über 5– 6 Monate mit Unterbrechungen an einem Projekt zu arbeiten, stabilisiert werden.“ Die Namengebung von Gruppen und v. a. Projekt/Produkt kann wie ein geheimer Pakt mit dem Vorhaben wirken, verbindet Schüler und Schüler, Schüler und Sache, weil er häufig für Außenstehende unverständlich ist und über den Stand der Arbeit, darüber also, was unter dem Namen schon alles zu begreifen ist, für Außenstehende nichts verrät. Natürlich ist dies nur ein Randaspekt; allerdings mögen solche Namengebungen das Augenmerk auf die scheinbare Äußerlichkeit solcher Ritualisierungen lenken, die durchaus die Farbigkeit und Faszinationskraft einer Projektunternehmung erst ausmachen.

Die Selbstorganisation der Gruppe nun wird überhaupt erst möglich durch ‚methodische Geländer‘, die die Selbständigkeit stützen oder erst ermöglichen. Da sie nur Handwerkszeug für die inhaltliche Auseinandersetzung sind, können sie nicht verbindlich, nicht ‚schulmeisterlich‘ genug sein. Werden sie dann beherrscht, haben sie sich erübrigt, haben sie auch ihren schulmeisterlichen Geruch verloren, weil ihre Funktionalität erkannt ist. Wir stellen eine Reihe solcher methodischer Geländer vor, wie sie für Projekt- und Gruppenarbeit immer wieder, gelegentlich unter anfänglichem Murren der Teilnehmer, nie aber ohne letztendlichen Erfolg ausprobiert worden sind. (Die direkte Anrede der Schülerinnen und Schüler, in diesem Falle ‚Sie‘, ist beibehalten: Sie bezeichnen den kommunikativen Impetus solcher ‚Geländer‘.)

7.1 Arbeitsraster

(Z. B. wenn schriftliche Materialien vorgegeben oder bereits gesammelt sind)

1. Lesen Sie sich die Materialien in Ruhe durch. Markieren Sie mit Bleistift Stellen, die Sie beim ersten Lesen nicht verstehen (X).

2. Gehen Sie die X-Stellen noch einmal oberflächlich durch. Entscheiden Sie, ob Ihnen der dargestellte Sachverhalt nicht klar ist (F = Frage, fraglich) oder ob Sie eine Jahreszahl oder einen Begriff, ein Fremdwort o. ä. nachschlagen müssen (?).

3. Lesen Sie die Materialien noch einmal, und versehen Sie sie mit Anmerkungen:
   – wichtige Begriffe markieren
   – textinterne Verweise (z. B. der gleiche Gedanke in Zeile 5 und 49 o. ä.)
   – Markieren wesentlicher Textstellen, die unmittelbaren Bezug zu Ihrer Fragestellung, Ihrer Untersuchungsperspektive haben
   – Verweise zwischen einzelnen Texten, Textstellen und Materialien (z. B. gleiche oder ähnliche oder kontroverse Thesen, gleiche Motive und Formulierungen, wechselseitige Ergänzungen etc.).

4. Bezeichnen Sie Materialteile, die Ihnen für Produkt/Präsentation verwertbar zu sein scheinen. Schreiben Sie eigene diesbezügliche Ideen ganz ungeordnet und spontan (d. h. nicht überprüft: Geht das überhaupt?) dazu.

5. Tauschen Sie Ihre Textanmerkungen und Fragen an die Texte sowie alle Ihre Spontanideen (das Produkt betreffend) untereinander in Ihrer Gruppe aus.

6. Bilden Sie gemeinsam Problem*felder*, Fragen*komplexe*, d. h., bündeln Sie Ihre Ergebnisse über die Grenzen des Einzeltextes hinaus. Diskutieren Sie immer den Zusammenhang der Einzelergebnisse und Einzelaspekte mit Ihrer Leitfrage, dem Ganzen Ihres Projekts.

7. Bedenken Sie bei der Betrachtung einzelner Materialien, die Sie gefun-

den haben oder noch finden, daß der Aussagewert der Einzeltexte und die Zuverlässigkeit der Informationen unter Umständen ganz unterschiedlich sind, weil Sie z. B. historische und ästhetische, informierende und kommentierende, aufklärende und manipulierende Materialien vor sich haben. Beachten Sie also die Intention der Texte; ziehen Sie in Betracht, daß solche Quellen nicht gleichermaßen objektiv sind, vielleicht gar nicht objektiv sein wollen. Diskutieren Sie in der Gruppe immer Ihre eigene Position dazu: Beziehen Sie Stellung, werden Sie sich klar über die Positionen in Ihrer Gruppe; lassen Sie sich von dem Text nicht ‚verführen'.

8. Formulieren Sie für die ‚Unterrichtung' Ihrer Mitschüler/Ihres Publikums präzise und begrifflich klare Thesen, Behauptungen und Fragen – auch dann, wenn Sie für die Präsentation Ihres Produkts ganz andere Formen (szenische Darstellung oder Spiel o. ä.) vorhaben; auch dafür ist gedankliche Klarheit eine gute Voraussetzung. Beachten Sie auch hierbei immer den Zusammenhang zum Ganzen (des Projekts, des Problems).

9. Überlegen und notieren Sie sich Mittel, wie Sie Thesen und Ergebnisse möglichst anregend, anschaulich und ‚spannend' vermitteln können.

7.2 Gruppenorganisation

1. Legen Sie sich bitte für die Sammlung und Aufbewahrung aller schriftlichen Gruppenergebnisse eine Gruppenmappe an. Notieren Sie auf der Titelseite Ihr Teilthema/Ihre Teilaufgabe, evtl. den Arbeitstitel/Namen Ihres Produkts und die Namen aller Mitglieder Ihrer Gruppe.

Legen Sie in die Gruppenmappe alle Protokolle, Ideenzettel, selbstgefundene Materialien, Adressen, Telefonnummern, Kontaktpersonen etc.

2. Bestimmen Sie reihum für jede Gruppensitzung einen Gruppenleiter und einen Protokollanten.

Einfacher ist es, wenn der Protokollant der ersten Sitzung der Gruppenleiter der folgenden ist; er ist dann wegen des Protokolls gut eingearbeitet und kann den Anschluß an die letzte Sitzung plausibel herstellen.

3. Der Protokollant schreibt ein knappes Ergebnisprotokoll (u. U. nur in Stichworten, aber klar gegliedert), notiert Aufgabenverteilung, offene Fragen, Ideen fürs weitere Vorgehen, Termine, die einzuhalten sind, usw. Er liest die Notizen zu Beginn der folgenden Sitzung der Gruppe vor.

4. Der Gruppenleiter leitet die Gruppendiskussion und bereitet sie vor (Informationen einholen, Begriffe nachschlagen, Kontakte zu Institutionen herstellen . . .).

Er achtet in der Gruppendiskussion darauf, daß
– immer wieder der Bezug zum Projektthema, zur leitenden Fragestellung und zum Teilthema der Gruppe hergestellt wird;
– stets überlegt wird, wie die Ergebnisse den andern klarzumachen sind;
– Möglichkeiten der Produktgestaltung und der Präsentation bedacht werden.

5. Je nach Bedarf können zwischen den Gruppen ‚Gruppenbeobachter‘ ausgetauscht werden, die sich über den Arbeitsstand der anderen Gruppen informieren oder diesen über den eigenen Arbeitsfortschritt oder eigene Probleme Auskunft geben und evtl. Anregungen, Hilfen einholen oder geben.

6. Wenn Sie während Ihrer Arbeit in der Gruppe in eine Sackgasse geraten, das Gefühl haben, auf der Stelle zu treten, oder grundsätzliche Fragen haben, die alle betreffen, wenden Sie sich an den Fachlehrer um Hilfe und/ oder bitten Sie um eine Plenumssitzung, um Ihre Fragen zur Diskussion stellen zu können.

Der Rückblick (die Phase VII), das Nachdenken über das vergangene Projekt, wird sich immer auch auf die drei Ebenen der Planung (inhaltlich, methodisch, organisatorisch) beziehen. Eine starke Identifikation der Schüler mit ihrem Projekt wird dieser Metareflexion stets auch wehmütige Züge geben („Mir fehlt unser Projekt"), wie es Nachdenken über normalen Unterricht wohl selten vorweist. Sicherlich wird die Nachhaltigkeit der Eindrücke einer ungewohnten Arbeitsform entscheidend vom Erlebnis öffentlicher Präsentation, von der Produktorientierung her also, geprägt sein. Der Rückblick wird aber immer auch prospektive Züge tragen: Was bleibt? Was hat sich für mich/für uns verändert? War dieses Projekt ein exterritorialer Raum, eine Oase: spannend, exotisch, voller unbekannter Reize, aber eben auch folgenlos? Oder tragen die Erfahrungen dieser Arbeit weiter, verändern sie die Schul- und Lernwirklichkeit der Schülerinnen und Schüler über das Ende der Unternehmung hinaus?

Daß das letztere wünschenswert ist und auch immer wieder belegbar in den Stuttgarter Einsendungen, ist die geheime positive Grundierung dieser gesamten Projektauswertung, deren Transferierungswert ja zu tun hat mit dem ein Projekt Überdauernden. Sicherlich wird sich Inhaltliches im Gedächtnis halten: das Filmen der Denver-Clan-Szene im heimischen Möbelhaus, der Besuch in Palestrina, der Aufbau der Modelleisenbahn zu Johnsons ‚Mutmaßungen‘. Das aber, was die nachfolgende Unterrichtsnormalität wirklich verändert, ist aller Wahrscheinlichkeit nach nicht das konkret Inhaltliche, sondern vielmehr etwas viel weniger konkret Faßbares: die Erfahrung von Autonomie und formales Wissen. In einem sehr wörtlichen Sinne heißt Autonomie Mündigkeit – es selbst geschafft zu haben, mit anderen, etwas selber fertig gebracht zu haben und dafür auch eingestanden zu sein; dafür, denke ich, ist auch die eine oder andere Schiefheit im Ergebnis, eine gewisse Vorläufigkeit der inhaltlichen Absicherung in Kauf zu nehmen.

Formales Wissen heißt: Lernen gelernt zu haben, praktisch, im Vollzug, das Formale am Inhaltlichen ausprobiert, erprobt zu haben. Auch hier nicht Einpauken, sondern Erfahrung. Das wirkt weiter. Eben, weil es sich dabei auch um Aspekte des Methodischen handelt, die sonst eher zu kurz kommen, wenn sie nicht gar als Störung empfunden werden: freies Sprechen und Vortragen; Ergebnisse aufeinander beziehen, miteinander vergleichen, auf das Ganze eines Problems, einer realen Situation, gesellschaftlicher Wirklichkeit beziehen und Folgen bedenken; Fragen stellen: nicht Scheinfragen, die nur gestellt werden, um den schon ausgearbeiteten (oder gar ausgedruckten) Arbeitsblättern oder Tafelanschrieben didaktische Legitimität zu verleihen, sondern Fragen, die an die Wurzel gehen, die Wirklichkeit betreffen, die auf Erkenntnis aus sind – und vielleicht ohne Antwort oder Lösung bleiben, weil es sie in der Wirklichkeit (noch) nicht gibt: präzise, differenzierte Fragen als Resultat.

8 Öffnung und Offenheit

Thematische, methodische und institutionelle Öffnung der Schule, dies das Fazit der ausgewerteten Projekte, ist Voraussetzung für sinnvolle Projektarbeit. Was heißt das im einzelnen, und welche Folgen ergeben sich daraus für Schule allgemein?

Thematische Öffnung
Die traditionellen Lernbereiche des Deutschunterrichts werden in den Projekten um zwei Dimensionen erweitert. Auf der einen Seite kommen sozial- und gesellschaftswissenschaftliche Fragestellungen hinzu (Umweltprojekte, Projekt Wohnen, Projekt Ausländerfeindlichkeit etc.), auf der anderen Seite besteht ein großes Bedürfnis nach kreativen und selbstgestalteten Handlungsformen (Schreibprojekte, Theater, Film, Darstellendes Spiel). Wo Fächergrenzen gesprengt werden, geschieht dies fast ausschließlich in Richtung des musischen Fachbereichs. KollegInnen der Kunst und Musik erfüllen allerdings auch hier bei den meisten Projekten nur Servicefunktionen (Illustration von Texten, Mithilfe beim Kulissenbau, musikalische Beiträge zum Theaterprogramm). Interdisziplinäre Zusammenarbeit gibt es aufgrund der schulorganisatorischen Grenzen nur in wenigen Gesamtschulprojekten.

Methodische Öffnung
An die Stelle der Selbstinszenierung des Lehrers im Unterricht tritt der Werkstattcharakter. Methodische Vielfalt und Flexibilität fördern handlungs- und produktionsorientierte Aufgabenstellungen. Kooperative Arbeitsformen sind die Regel. Auffallend ist, daß die thematische wie methodische Öffnung Vertrauen und Vertrautheit fördert (Beispiel: Projekt ‚Sprache und Sexualität‘; 16). Projekterfahrungen heben hervor, daß die Arbeitsatmosphäre auch auf die nachfolgende Unterrichtsarbeit ausstrahlt.

Institutionelle Öffnung
Projektarbeit stellt durch die vielfältigen Formen der Ergebnispräsentation zumindest Schulöffentlichkeit her. Durch Berichte in der Presse, Theateraufführungen, aber auch durch Projektarbeit in der Gemeinde/im Stadtteil (Formen der ‚Community education‘) wird schulisches Arbeiten auch Gegenstand öffentlicher Diskussion.

Projektarbeit heißt oftmals Spurensuche vor Ort. Stadtbibliothek, Theaterhaus, Archive, Zeitungsredaktionen, Zeitzeugen, Interviews, literarische Reisen sprengen die Miniarena Klassenzimmer. Einbeziehung von Fachleuten in schulische Arbeit (Schauspieler, Vertreter von Umweltschutzorganisationen, Fachleute aus der kommunalen Verwaltung, Jugendbuchautoren etc.) bringt für Schüler wie Lehrer nicht nur Kompetenzzuwachs, sondern kann auch die gruppendynamischen Strukturen positiv beeinflussen.

Öffnung durch Projektarbeit hat auf allen Ebenen (methodisch, thematisch und institutionell) eine Zunahme an Komplexität zur Folge. Im Vergleich dazu ist Unterricht überschaubarer. Die Vielfalt der Interaktionen bei der Projektarbeit erfordert ein höheres Maß an Organisation, mehr Absprache und Flexibilität, und dies bedeutet in der Praxis für alle Beteiligten mehr Zeitaufwand.

Öffnung durch Projektarbeit setzt zugleich auf allen Ebenen (methodisch, thematisch und institutionell) die Fähigkeit voraus, die durch die Öffnung bedingte Vielfalt auch wieder zu intergrieren: Koordinierung von Arbeitsteilung, Zusammenführung von Kleingruppen im Plenum, Terminplanungen, Abstimmung mit kooperierenden Kollegen oder schulexternen Fachleuten, Zusammenführung von Teilergebnissen, Verknüpfung von Einzelteilen zu einem Ganzen, vor allem aber Übersicht bewahren. Zusammenführung kann aber bei der Projektarbeit auch etwas sehr Praktisches bedeuten, was manches Projekt an die Grenze des Scheiterns bringt. Vor allem in Schulen des ländlichen Raums ist angesichts der Dürftigkeit des öffentlichen Nahverkehrs außerhalb der regulären Unterrichtszeiten der Führerschein und das Auto der Eltern oder das ‚Lehrer-Taxi‘ eine Projektvoraussetzung (auf die Abhandlung der versicherungsrechtlichen Implikationen dieses Problems sei an dieser Stelle verzichtet).

Folgen für den Schulalltag

Ist es angesichts dieser drei Voraussetzungen verwunderlich, daß Projektunterricht im schulischen Alltag eher die Ausnahme als die Regel ist? Je mehr organisatorische Regularien (Stundentafel, Stundenplan, Räume, feste Unterrichtszeiten etc.) und inhaltliche Vorgaben (Richtlinien, Lehrpläne) ein Schulsystem benötigt, um so schwieriger ist Projektarbeit. Diese Feststellung ist nicht resignativ, sofern die organisatorischen und inhaltlichen Rahmenbedingungen sinnvolle Ordnungsmuster und Orientierungshilfen darstellen. Bedenklich wäre diese Feststellung nur dann, wenn das, was als notwendiges Strukturprinzip gedacht ist, sich unter den Bedingungen der Schulpraxis als unzulänglich erwiesen hätte. Noch bedenklicher wäre es, wenn Unzulänglichkeiten zwar zur Kenntnis genommen, aber nicht durch Ansätze einer inneren und äußeren Schulreform korrigiert werden würden. Dennoch ist für uns Schulpraktiker vor Ort alles andere gefragt als Mutlosigkeit. Wer die eingesandten und die nicht eingesandten, aber tagtäglich praktizierten Projekte im Deutschunterricht zur Kenntnis nimmt, der muß zunächst danach fragen, ob das Gängelband der Institution, wie lang oder wie kurz es auch in den verschiedenen Bundesländern sein mag, uns nicht noch mehr Nischen und Freiräume gibt, Projektkonzepte zu entwickeln und zu realisieren. Zugleich gilt es aber auch die Frage zu stellen, wieviel arbeitsaufwendige Projektarbeit wir denn uns und unseren Schülern angesichts der stoffüberfrachteten Lehrpläne zumuten können. In diesem Zusammenhang muß die Forderung vor allem lauten, Reduktion der Pflichtbereiche in den isolierten Einzeldisziplinen zugunsten fächerübergreifender Fragestellungen und Arbeitsformen. Folgenlos wäre Projektarbeit letztlich auch dann, wenn ihre Erfahrung nicht Eingang fände in die tagtägliche Unterrichtspraxis. Vor allem vier Aspekte könnten Projektarbeit und damit auch Unterricht stärken:

(1) Das Projekt darf im Interesse des Lehrers wie des Schülers nicht den Stellenwert einer „außerunterrichtlichen Veranstaltung" annehmen. Zu wichtig sind kreative Freiräume (Schreibprojekte, darstellende Spiel- und Ausdrucksformen), als daß alles nach außen verlagert werden könnte.

(2) Das Projekt leitet nicht in Ferien über, es hat seinen Standort innerhalb des Jahresplans.

(3) Projektarbeit verlangt Kooperationsbereitschaft im Kollegium und schulorganisatorische Freiräume (auch über entsprechende Vergütungsstunden oder Freizeitausgleich für diejenigen, die sich den Mühen fächerübergreifender Projektarbeit unterziehen, muß nachgedacht werden).

(4) Leistung muß sich wieder lohnen.

Die Ausklammerung der Projektarbeit aus der Schülerbeurteilung ist keine heilige Kuh.

Zu 1: Projektarbeit ist Mehrarbeit

Der scheinbar einfachste Ansatz der Projektarbeit ist das Projekt im Unterricht. Schulorganisatorische Vorgaben bestimmen die Rahmenbedingungen, das Pausenzeichen setzt Anfang und Schluß, keine Bitten um Raum- und Unterrichtsverlegung, keine Genehmigung außerunterrichtlicher Veranstaltungen, der Fachlehrer wie immer als pädagogischer Einzelkämpfer. Schon bald stellen sich die ersten Widersprüchlichkeiten ein. Der Projektprozeß offen und die Organisationsform geschlossen, das paßt nicht zusammen. Die Filmdrehbuchgruppe sucht sich einen Raum, um ungestört arbeiten zu können, vergebens, alles belegt. Die Wandzeitung, die den geplanten Projektverlauf dokumentieren soll, muß nach der Unterrichtsstunde wieder abgenommen werden, denn da kommt anschließend die Klasse 9 a rein. Kollege Conrady vermerkt in der großen Pause: Was war denn heute bei Ihnen im Raum 204 los? Was als Projekt im Unterricht geplant war, endet in Nachmittagstreffen, Zusatzarbeit für Lehrer und Schüler. Aber auch dies nicht folgenlos. Das Unterrichtsdeputat hat 23–27 Stunden; die wollen vorbereitet sein. Die Wochenstundenzahl der Schüler beträgt durchschnittlich 30; da wollen auch noch Hausaufgaben gemacht sein. Es kann nicht ausbleiben, daß anderes zu kurz kommt. Kollegenbesänftigung: Die 10 a hat gestern bis 18 Uhr Kulissen gebaut, da konnten die für den Wörtertest kaum noch was lernen.

Solange der Projektunterricht nur zeitliche Mehrbelastung ohne Ausgleich bedeutet und vor allem als schulorganisatorische Störquelle wahrgenommen wird (Lautstärke, Stunden- und Raumverlegungen, Querelen mit Klassenarbeits- und Klausurenplänen, eine Arbeitsgruppe von fünf Schülern unbeaufsichtigt in der Cafeteria, Arbeitsmaterialien türmen sich in einer Ecke des Klassenzimmers), solange hat er singulären Charakter.

Zu 2: Abschied von der Projekt-„Hobbythek"

Die Schule beschließt Projekttage, besonders beliebter Zeitpunkt vor den Sommerferien. Der Ernst ist vorüber, jetzt kann's ja heiter werden. Thematische Vorschläge der Schüler wie der Lehrer stehen zur Auswahl. 30 Schüler ‚Bumerangbau', 20 Schüler ‚Tonen', 16 Schüler ‚Projekt Surfen' (Bodensee), 8 Schüler ‚Radwege in unserer Gemeinde', 13 ‚Englisches Theater', ‚Alternative Energien' – Fehlanzeige, Projekt fällt aus, eine Liste mit über 30 Projekten am Schwarzen Brett, Computerausdruck. Die Zuordnung Lehrer und Schüler frei oder festgelegt. Der Stundenplan und die Fachdisziplin werden für vier oder fünf Tage außer Kraft gesetzt, die Schule verwandelt sich in eine Werkstatt, die Arbeit macht Spaß, die Präsentation des Projekts beim Schulfest bringt Anerkennung. Ein Potpourri von Beliebigem meinen die Lehrer, aber besser als Unterricht, vermerken die Schüler. Die Arbeit aus Projekten kann für alle Beteiligten nur dann fruchtbar gemacht werden, wenn sich dem Projekt eine Projektreflexion anschließt. Dies setzt aber voraus, daß die Projektplanung, die Projektdurchführung und die Projektpräsentation einen zentralen Stellenwert im Schuljahr erhalten.

Zu 3: Offenheit im Kollegium

Sollen fachabgestimmter Unterricht, fächerübergreifender Unterricht und Projektunterricht ein pädagogisches Konzept darstellen, so dürfen sie nicht nur als Begriffshülsen in Lehrplänen stehen. Reduktion des Pflichtbereichs, Ausdehnung des Wahlbereichs sowie Stärkung der Kompetenz der einzelnen Schulen sind Grundvoraussetzung, um pädagogische Innovationen zu bewirken. Ein solches Konzept hat aber auch zwingende schulorganisatorische Folgen und Konsequenzen für die Arbeitsbelastung der KollegInnen. Vor allem stellt dieses Konzept die Frage nach unserer eigenen Kooperationsbereitschaft im Kollegium. Wo die Zusammenarbeit sich auf den Austausch von Materialien beschränkt (und nicht einmal dieses Minimum ist Standard), wo das methodische und inhaltliche Gespräch auch zwischen den Fachdisziplinen nicht geführt wird, ist die Arbeit des Kollegiums ein Spiegelbild des isolierten Fachunterrichts. Mag der Rückzug ins Klassenzimmer vordergründig auch Freiräume und Schutz vor kontrollierenden Blicken und Eingriffen schaffen, so führt er doch letzten Endes zur Vereinzelung. Eingefahrene Gruppenbildungen und Fraktionierungstrends sowie verschiedene Varianten des ‚Matterhorn-Syndroms', vermeintliche Superpädagogen auf dem Gipfel und normale KollegInnen am Fuße des Berges, erschweren vielfach die Kommunikation. Im Wust der Alltagsarbeit erstickt vielfach der Blick für das Notwendige, die Routine erscheint allemal sicherer als das Experiment. Bei diesem Mißverständnis wäre anzusetzen. Zunächst das Gespräch unter Fachkollegen (inhaltlich ausgerichtete Fachkonferenzen): Welche Grundfertigkeiten sind unabdingbar, werden unsere standardisierten Fragestellungen den literarischen Texten und dem Leseinteresse der Schüler gerecht, dominieren in unserem Unterricht Schreibrituale oder realistische Schreibanlässe? Wer hat welche Erfahrungen mit kreativem Schreiben gemacht, mit literarischem Rollenspiel und szenischem Spiel? Wie und wo habt ihr das schon mal eingesetzt? Da hat eine Kollegin in der Nachbarschule ein Projekt über Körpersprache gemacht, kann man die nicht mal einladen? Ich habe gehört, da gibt es eine Koordinierungsstelle Schultheater, die vermitteln auch Spiel-Theaterpädagogen, Schauspieler und Dramaturgen für den Unterricht. Mach doch mal eine Literaturwerkstatt mit einem Jugendbuchautor, der Bödecker-Kreis finanziert so etwas. Ideenbörsen statt Konferenzlangeweile.

Der zweite Schritt wäre das Gespräch unter den einzelnen Fachdisziplinen. Fachlehrer einer Klassenstufe entwerfen an einem pädagogischen Tag Themen und Modelle für fächerübergreifenden Unterricht. Die Schulleitung eröffnet durch maximale schulorganisatorische Freiräume die Rahmenbedingungen (Stundenplanabstimmung, Möglichkeit zum Teamteaching für jeweils zwei Wochenstunden, Entlastungsstunden aus dem schulischen Stundenpool etc.) für ein Unterrichtsprojekt zwischen dem Deutsch-, Geschichts- und Physiklehrer in einer 11. Klasse (‚Wissenschaft und Verantwortung'), Deutsch- und Musiklehrer planen für das nächste Jahr eine ‚Revue der 20er Jahre'. AG-Stunden für Chor und Theater schaffen Arbeitsentlastung. Ein Schulklima, geprägt durch Anregungen und Impulse, nicht durch Kontrolle, wäre hier gefragt. Inhaltliche und methodische Öffnungen hätten auch Eingang zu finden in schulinterne, regionale und zentrale Lehrerfortbildung, in der die Fortbildner und ihre Themenangebote Vorbildfunktion für Fachkooperation zu sein hätten.

Vor allem aber müßten angesichts des Mehrarbeitsaufwands für fächerübergreifende Arbeit und Projektunterricht die Dringlichkeit der Arbeitszeitverkürzung wie die Neueinstellungen von jungen KollegInnen realistischer eingeschätzt werden.

Zur Stärkung des eigenen Selbstbewußtseins und zur kritischen Distanz gegenüber Schulhierarchien sei zum Abschluß an Thomas Gordons 1974 verfaßte ‚Lehrer-Schüler-Konferenz' erinnert: „Deshalb steht ein Lehrer nicht am Ende der Hierarchie. Sein wirklicher Platz ist an ihrem Anfang. Alles beginnt und endet damit, wie Sie Ihre Schüler behandeln. Erziehung – das ist Ihr Klassenraum und Ihre Lehrer-Schüler-Beziehung. Gebäude, Programme, Ausrüstung, Verwaltungsbeamte, Systeme, Curricula, Bücher, Materialien, Budgets etc. existieren nur, um Ihnen bei der Ausübung Ihres Berufs und den Schülern beim Lernen zu helfen. Viele Lehrer könnten stolz als ‚Experten' ihren Schulalltag meistern, gelänge es ihnen nur, die Wichtigkeit ihrer Stellung zu erkennen, sie stärker zu bewerten, ihre Integrität zu schützen und sie vor Aushöhlung zu bewahren" (Thomas Gordon: Lehrer-Schüler-Konferenz, dt. 1977, S. 269).

Zu 4: Leistungsbeurteilung

Die apodiktische Feststellung, eine Bewertung mit Zensuren widerspreche dem Grundgedanken eines auf kooperative Arbeitsformen angelegten Projektunterrichts, ist nicht haltbar. Der Frage nach dem Ob und Wie der Bewertung sollte jedoch die entscheidendere Überlegung vorausgehen, ob durch eine Bewertung (Note oder verbale Beurteilung) die Motivation, das Arbeitsverhalten und damit letztendlich das Projektergebnis positiv beeinflußt werden. Es erscheint geradezu als konstitutives Element eines Projekts, mit den SchülerInnen gemeinsam Beurteilungsmöglichkeiten und Notwendigkeiten abzuklären.

Die Reduktion schulischer Leistungsbeurteilung auf die individuelle Leistung in Form schriftlicher Arbeiten, Tests und mündlicher Mitarbeit müßte damit zugleich erweitert werden. Kooperative Arbeitsformen verlangen auch die Bewertung des gemeinsam in der Gruppe Erarbeiteten. Dabei können vergleichbare Kategorien wie bei der traditionellen Notenfindung angewandt werden (sachliche Richtigkeit, logischer Zusammenhang, Sprache, Form etc.). Schwieriger, aber nicht unlösbar wird es, wenn innerhalb des Projekts Fähigkeiten und Fertigkeiten zu beurteilen sind, die sich der traditionellen Notenfindung im Unterricht schon deshalb entziehen, weil sie als Fähigkeiten und Fertigkeiten gar nicht oder kaum gefragt sind: Kooperationsfähigkeit, Organisationsfähigkeit, Gestaltungsfähigkeit, künstlerische und schauspielerische Fähigkeiten. Wenn unter den Bedingungen gemeinsamen Planens und Arbeitens ein Maß an Motivation und Kreativität freigesetzt werden kann, das von außen gesetzte Lerninhalte nicht zu erzeugen vermögen, dann muß diese Arbeitsform auch Teil der Schülerbeurteilung sein können.

Wenn in kaum einem der eingereichten Projekte im Deutschunterricht die Frage nach der Bewertung mit Zensuren gestellt wird, so erscheint dies auf den ersten Blick als befreiend. „Ohne Notendruck", „selbstbestimmt", „mit viel Spaß", „ganz begeistert", „fieberhaft haben wir noch bis kurz vor Ausstellungsbeginn gearbeitet", „konnte mal das schreiben, was mich bewegt", „wir haben mal alle zusammen etwas fertiggebracht" lesen wir da und nehmen damit einen Erfolg zur Kenntnis, von dem das Schulzeugnis nichts verrät. Applaus, die Anerkennung durch einen Zeitungsbericht, der Preis eines Schulbuchverlags, das Händeschütteln der Schulleiterin, Kuchenessen nach der Märchenaufführung, eine Videokassette von der Theateraufführung, die selbstgebastelte Marionette zu Hause über dem Schreibtisch, Bilder von der Literaturreise nach Venedig, ein gebundenes Exemplar von 25 in der Klasse geschriebenen Kurzgeschichten – viel Aufwand, aber schön war's: Erinnerungen, durch Noten nicht getrübt.

Die Kategorie des Erfolgs messen alle eingereichten Projektarbeiten nach anderen Kriterien als denen, die sie im Unterricht anwenden. Den Lernprozeß innerhalb des Projekts nennt Gottfried Eßer am Beispiel seines Projekts ‚Sprache und Sexualität – Liebe und Partnerschaft' (16) wichtiger „als die vorweisbaren Ergebnisse". Zugleich hebt er hervor, daß gerade Schüler mit „großen Sprachdefiziten" durch eine Veröffentlichung ihrer Arbeiten etwa anläßlich eines Elternsprechtags in ihrem „Selbstwertgefühl" gestärkt wurden, und stellt abschließend fest: „nach dem Projekt war im Deutschunterricht von Schulmüdigkeit wenig feststellbar".

In seiner ‚Spurensuche: Thomas Mann in Italien' (53) hebt Peter Reichartz hervor, daß die Schüler „ungeschminkt und ungelogen in ihrer Sprache" die „Risse und Unebenheiten" im „überlebensgroßen Dichterdenkmal" offenlegen konnten; „lebensechter und lebensnäher" wird diese Form literarischer Annäherung an Werk und Autor genannt, und das Resümee lautet: „Die manchmal intellektuelle Form unseres Deutsch- und Literaturunterrichts wird auf einen zum Greifen nahen Horizont herangeholt, und das bringt – so paradox es klingt – Schüler und Lehrer weiter."

In dem Projekt ‚Literatur zum Anfassen' (57), das Literaturerfahrungen sinnlich in einer Ausstellung vermittelt, hält die Projektleiterin Helga Roß rückblickend fest: „was blieb, ist die bis dahin für mich unbekannte Erfahrung, wie motivierbar Jugendliche sein können, wie sehr sich das Lehrer-Schüler-Verhältnis zum Positiven, Vertrauten, zum Miteinander wenden kann, ohne daß dabei die nötige Autorität und Distanz verlorengeht. Mir hat die Arbeit bei aller Schufterei Spaß gemacht und Gewinn gebracht. Außerdem zeigte sie deutlich, wie durch den kreativen Umgang mit den Werken das Verständnis für Werk/Autor/Epoche wächst."

Brigitte Lorenz sieht den Erfolg ihres Videofilms ‚Denver Clan' (43) zum einen in der Erkenntnis der Projektgruppe, „welcher Material- und Arbeitsaufwand in normalen Filmproduktionen steckt", nennt aber neben der „Erweiterung fachlichen Wissens" als wichtiges Ergebnis „das entwickelte Gemeinschaftsgefühl und die Verantwortung, die jeder für das Gelingen des Projekts trug". Ihre Bilanz lautet: „Es hat uns unheimlich viel Spaß gemacht und war eine Sache, für die sich all die Mühe und Arbeit lohnte. Schülerinnen erfuhren Schule einmal anders, und auch ich als Lehrerin lernte meine Schülerinnen anders und besser kennen." In ihrem Projekt einer 8. Gesamtschulklasse ‚33 Bilder – 33 Geschichten' (78) stellt Gabriele Winter fest: „Die meisten Schüler der Klasse hatten noch nie aus einem Gefühl heraus statt nach vorgegebenen Regeln geschrieben [...] Ich war erstaunt, in fast allen Texten meiner Schüler ein Gefühl für inneren Zusammenhang und Geschlossenheit zu erkennen sowie eine nicht vermutete Sensibilität für Sprachrhythmus, Klang und gezielte Wiederholungen." Darüber hinaus werden „Toleranz, Kompromißfähigkeit, Kooperationsfähigkeit sowie sozial verantwortliches Handeln" als wichtige Ergebnisse hervorgehoben. Das Resümee lautet: „Arbeiten und Lernen waren in diesem Projekt spontane, offene, experimentierende Tätigkeiten, die wenig reguliert wurden von Lehrererwartungen, weniger orientiert waren an Lernzielbestimmungen als vielmehr motiviert durch Neugier, Engagement und Lust an Selbstverwirklichung ..."

Allein in dem fächerverbindenden Projekt (Leistungskurs Deutsch und Grundkurs Musik einer 11. Jahrgangsstufe in Bremen) ‚Gefühlsausdruck in Wort, Ton und Körpersprache' (69), das ein ganzes Kurshalbjahr umfaßt, begegnet uns neben den vielfachen produktiven Ergebnissen (Aufführung einer „Theater-Klang-Collage gegen den Golfkrieg", Produktion von Texten, Melodien, Klangcollagen, Kompositionen) eine Kategorie aus grauem Schulalltag, die wir ob der geschilderten Projektfaszination fast vergessen hätten: die Klausur. Die Projektleiterinnen Mechthild Thülig und Eva Schibel-Hilgemeier sprechen davon, daß die Klausuren „erstaunlicherweise relativ reibungslos in das Projekt integriert werden (konnten)", und führen als Klausurthemen „Verlaufs- und Ergebnisprotokolle, Szenen- und Gedichtproduktion zu einem Kernwort, Gedichtinterpretation und Gestaltung eines Textes für das Programmheft" an.

Bei so viel Enthusiasmus über die Ergebnisse der Projektarbeit scheinen sich Nachdenklichkeiten über Art und Weise von Leistungsbewertung in Projekten zu verbieten, und dennoch schwächt sich nach einem zweiten Blick die Begeisterung für das notwendig ‚zensurenfreie' Projekt ab, weil dieses dem Unterricht und den traditionellen Mustern der Leistungsbeurteilung den gesellschaftlich relevanten Tauschwert ‚Zeugnisnote' überläßt. So wird denn auch der Projektunterricht für bestimmte Kritiker zur Spielwiese und zum Tummelplatz für Beliebiges, in dem recht eigentlich nichts gelernt wird. Hier findet bestenfalls seine Ventilfunktion gegenüber dem Ernst des Schulunterrichts Zustimmung. Einem solchen falschen Verständnis von Projekt leisten „Salzteig"-, „Batik"-, „Bastel"-, „Surf"- und Segelprojekte" Vorschub, die in bestimmten Bundesländern als eine Art Schuljahresausklang in den Rang von ‚Projekttagen' erhoben werden.

Statt das Projekt in den vermeintlichen Freiraum der Extracurricularität abzudrängen, müßte es als integraler Bestandteil des schulischen Lernprozesses fest verankert werden. Gerade auch die Erfahrungen aufgrund des vorliegenden Projektwettbewerbs belegen, daß im Projektlernen neben wesentlichen stofflichen Lernzielen auch genuin erzieherische Aufgaben im Sinne von Handlungszielen erreicht werden können. Welche Vielfalt an realistischen Schreibanlässen ergibt sich in den Projekten, die der Deutschunterricht vielfach durch Imaginationsbeschwörungen ersetzt („Stellt Euch vor, Ihr müßtet einen Artikel für ein Schülerlexikon schreiben" etc.). Hier finden sich Textproduktionen mit klarem Adressatenbezug: Gestaltung einer Zeitungsbeilage, der Entwurf eines szenischen Dialogs für eine Spielvorlage, der Brief an den Oberbürgermeister von Lübeck in Sachen Thomas-Mann-Gedenktafel, die Programmankündigung für eine Literaturausstellung, die Auswertung einer Gewässeruntersuchung in Neubrandenburg, die Zusammenfassung von Projektergebnissen etc.). Warum sollten sie sich der Bewertung entziehen? Daneben liefern die Projektberichte und eigene Projekterfahrungen immer wieder Überraschungen, daß ‚Entmutigungserfahrungen' – gerade bei schwächeren Schülern – durch selbstgeschriebene Texte abgebaut werden.

Warum sollte neben der Benotung für die Interpretation der Borchert-, Böll-, Schnurre-, Walser-Kurzgeschichte und neben der Zensur für „Wie beurteilen Sie die Forderung, Drogen freizugeben?" nicht auch noch Platz sein für die Bewertung einer Geschichte, die Matthias aus der 10. Klasse innerhalb eines Lesebuchprojekts für die Grundschule geschrieben hat? Warum bleibt, so wäre provozierend zu fragen, etwas, was Arbeit und Spaß gemacht hat, ohne Beachtung, während die Klassenarbeit, die neben der 4,5 zu Hause nur Ärger eingebracht hat, das Notenbuch ziert? Da sich die Begründung für Projektunterricht vielfach aus artikulierten Defiziten und Mängelerscheinungen (realen oder vermeintlichen) des Unterrichts ableitet, ist es schwer einzusehen, warum sich schulische Leistungsmessung im wesentlichen allein auf eine Dimension von Fähigkeiten und Fertigkeiten bezieht, die nach Aussage der an Projekten beteiligten LehrerInnen und SchülerInnen oftmals sehr begrenzt und nicht ohne Fragwürdigkeit sind. Wenn im Projektunterricht nach Aussagen der Beteiligten vielfach Kenntnisse und Fähigkeiten erworben werden, die im traditionellen Unterricht ausblieben, ja vielleicht aufgrund der Rahmenbedingungen gar nicht erreicht werden können, dann kann diesen Leistungen die schulische Anerkennung um so weniger versagt werden, als in ihnen wichtige Schlüsselqualifikationen wie „Organisationsfähigkeit", „Selbstverantwortung", „Teamfähigkeit" etc. zum Ausdruck kommen. Sicherlich ist der Einwand berechtigt, solche komplexen Verhaltensziele ließen sich ungleich schwieriger überprüfen. Hieraus jedoch den Schluß zu ziehen, sie als Beurteilungsmaßstab für schulische Leistung ganz zu vernachlässigen, kommt einem Erziehungs- und Bildungsauftrag nicht nach, der sich an einer ganzheitlichen, auf die Persönlichkeit des Schülers orientierten Dimension ausrichtet. Wenn die Schulnote neben dem Tauschwert als Zugangsberechtigung für Beruf oder Studium auch noch einen Informationswert über Qualifikationsmerkmale haben soll, die sich der Errechenbarkeit entziehen, dann kann dies ohne ergänzende verbale Beurteilungen nicht geschehen.

Wer den Stellenwert von Projekten und projektorientiertem Arbeiten in unserem Schulsystem stärken will, sollte sich nicht unter dem Lockruf „Freiraum" in außerunterrichtliche Nischen abdrängen lassen. Er muß vielmehr fordern, daß die schulorganisatorischen Rahmenbedingungen und der Stellenwert von Projektarbeit im Bildungsplan so gestaltet werden, daß Planung, Durchführung, Präsentation und, wenn gewünscht, Leistungskontrolle den tradierten curricularen Formen vergleichbar sind.

Kein Raum für Projekte – Kasten Bier für den Hausmeister, Mon cheri für die Putzfrauen

In einem baden-württembergischen Gymnasium wird ein Bücherschrank zum unfreiwilligen Unterrichtsgegenstand. Das Klassenzimmer der Klasse 6 ist lichtdurchflutet, grüner Teppichboden, Wandtafel fest installiert, Pinnwand 1 auf 2 Meter, ansonsten nüchterne Beton- und Holzinnenarchitektur. Der Plan, innerhalb des Deutschunterrichts eine eigene Klassenbücherei aufzubauen, macht daher eine Schrankaktion notwendig. Bereitwillig schleppen in der darauffolgenden Woche zwei Eltern das gewünschte abschließbare Möbelstück herbei. Jugendbücher, Karteikarten, die Erarbeitung einer Ausleihordnung, die Wahl von Bibliothekaren, lese- und ausleihfreudige Kinder, die Bedingungen für den Start der Klassenbibliothek sind gegeben, wenn da nicht Hausmeister und Putzfrauen am „Fremdkörper

Schrank" Anstoß nähmen. Freie Fahrt für Staubsauger oder Vorfahrt für Lesefreunde, dies gilt es für den Deutschlehrer höherenorts, beim Schulleiter, klären zu lassen, denn der Hausmeister droht mit „Zwangsräumung". Mit diesem Schrank, so das Orakel, werde eine Welle losgetreten, möbelschleppende Eltern in anderen Klassen wären die Folge, eine raffinierte Palastrevolution gegen Ordnung und Sauberkeit. Die Kinder verfolgen sorgenvoll den drohenden Konflikt – täglich finden sie ihren Bücherschrank putzfrauengerecht in eine schmale Zimmernische gedrückt, und beschließen, sich das nicht bieten zu lassen. Wer schreibt das beste „Schrankverrück-Verbot", heißt die Devise, und tags darauf ziert der von der Klasse prämierte Entwurf das „Ärgernis". Bunt auf Weiß steht zu lesen: „Achtung! Wer noch einmal diesen Schrank verrutscht, dem wünschen wir die Pest. Die Klasse 6." Zornesröte im Hausmeistergesicht ist die Folge, der Protest der Putzfrauen bei der Schulleitung folgt. Das Lernziel ist erreicht: Die Schrankverrücker haben sich unwissentlich gestellt. Der Deutschlehrer, zum Schulleiter gebeten, wird ob des Warnschilds zur Rede gestellt. Er bekundet Solidarität mit seiner Klasse, begründet, erneut auf die Bedeutung der Leseerziehung verweisend, die Notwendigkeit eines Bücherschranks für seine Klassenbücherei, wähnt sich zugleich inmitten eines Possenspiels, verläßt das dienstliche Gemach und nutzt die anstehende Pausenaufsicht, um tief durchzuatmen. Als er Tage später, der Schrank bleibt unverrückt, eher beiläufig den Kollegen Schmidt fragt, ob es wegen dessen Theaterkulissen für Rotkäppchen im Klassenzimmer keinen Ärger gegeben habe, lüftet der sein Geheimnis: „Kasten Bier für den Hausmeister, Mon cheri für die Putzfrauen." Sollte er selbst notwendige Freiräume nach derselben Devise schaffen? Nein, nicht nur die geschlechtsspezifisch einseitige Ausrichtung der Zuwendungen läßt ihn zögern.

9 Gewinn von Freiräumen – Verlust von Sicherheiten

„10 Schüler und ein Lehrer standen auf ungeahnte Weise im Freien. Der Lehrer – ohne die Sicherheit bewährter, vielleicht auch eingefahrener Unterrichtsmethoden, ohne das Gerüst des klassischen Frage- und Antwortspiels, die Schüler ohne den pädagogischen Rutengänger, der den Weg [. . .] zeigen sollte" (aus: Denver-Projekt; 43).
Versteht man unter Curriculum die am Lehrplan orientierte Vermittlung von Inhalten (operationalisierbare Lernziele, festgelegte Lernsequenzen in Umfang und Dauer, abschließende Überprüfung in Form von Tests oder Klassenarbeit), so ist das Projekt überwiegend eine extracurriculare Veranstaltung. Thematische, methodische und räumliche Öffnung, die den Projektunterricht ausmacht, bedeutet zunächst Verlust an curricularen Sicherheiten im weitesten Sinne, was für einzelne KollegInnen schon in der aufsichts- und haftungsrechtlichen Irritation zu Schweißausbrüchen führen kann.

Offenheit und Öffentlichkeit, diese beiden Kategorien markieren bei aller Vielfalt der Projektarbeit die signifikanteste Abgrenzung gegenüber traditionellem Unterricht. Ist dieser in ein relativ festes institutionelles, inhaltliches und methodisches Normengefüge eingebunden, so scheinen die Rahmenbedingungen des Projektunterrichts begrenzt gestaltbar und veränderbar. Das Ausmaß an notwendiger Einbindung zum einen wie die Bereitschaft zur Öffnung von Freiräumen zum anderen werden dabei wesentlich vom pädagogischen Selbtverständnis der Lehrerpersönlichkeit mitbestimmt. Vorauseilender Gehorsam einerseits, kraftstrotzendes Selbstbewußtsein andererseits bilden die Bandbreite. Definiert sich Unterricht stärker durch ‚Sicherheiten' wie Homogenität des Klassenverbands, Lehrerzentrierung, überschaubare Lerninhalte, kleinschrittige Stoffvermittlung, punktuelle Überprüfbarkeit, Fachorientierung, Einzelstundenprinzip, so betont der Projektgedanke stärker den Experimentcharakter. An die Stelle von Vorgaben treten Interessen; Frontalunterricht und frageentwickelnde Methoden treten hinter kooperativen Arbeitsformen zurück, übergreifende, vielfach auch fächerverbindende Problemstellungen ersetzen die ‚Häppchen-Didaktik', das Nahziel der Einzelstunde wird durch das Fernziel einer Projektpräsentation abgelöst.

Während der traditionelle Unterricht das Bezugsgefüge: Lehrer-Schüler-Klassenzimmer kaum überschreitet, verläßt das Projekt in der Regel diesen Rahmen und wird in irgendeiner Form öffentlich. Theateraufführungen und Ausstellungen in der Schule, Projektarbeiten und/oder Ergebnispräsentationen in der Gemeinde, die Gestaltung einer Beilage in einer Lokalzeitung, die Teilnahme einer Klasse an einem Wettbewerb (Landeszentralen für politische Bildung, Bundespräsidialamt, Schulbuchverlage etc.) sind vielfältige Beispiele für die Wahrnehmung der Projekte in der Öffentlichkeit. Verlangt für die einen schon der Untersuchungsgegenstand die Grenzüberschreitung Klassenzimmer (Umweltprojekte, empirische Untersuchungen in der Gemeinde, literarische Reisen), so zielt für die anderen erst das Ergebnis auf Öffentlichkeit. Während sich Unterricht in der Regel unter Ausschluß der Öffentlichkeit abspielt, stellt sich der Projektunterricht auch der Auseinandersetzung derjenigen, für die er öffentlich gemacht wird. Wie auch immer sich die Reaktionen äußern, ob in Anerkennung, Ermunterung, Kritik oder Schweigen –, im Gegensatz zum Unterricht ist der Unterrichtende nicht nur Beurteiler, sondern auch Mit-Beurteilter. Diesem Rollenwechsel des Lehrers entspricht auf der anderen Seite der Rollenwechsel des Schülers, der vom Rezipienten zum Produzenten wird. In welchem Ausmaß ein solcher Rollenwechsel wirklich stattfindet, hängt von mehreren Faktoren ab. Handelt es sich um Projektformen, die dem Schüler klassenübergreifend mit der Themenwahl auch die Entscheidung für einen bestimmten Projektleiter freistellen, so ergeben sich schon aus den veränderten Gruppenzusammensetzungen Motivations- und Innovationsmöglichkeiten, die bei einem klassenhomogenen Projekt so nicht zu erwarten sind. Die Problematik solcher Projektformen liegt jedoch darin, daß sie aufgrund schulorganisatorischer Bedingungen meist auf wenige Projekttage beschränkt bleiben, in denen dann meist die ausschließliche Ausrichtung auf das vorzeigbare Ergebnis im Vordergrund steht (gängiges Muster: Vier-Tage-Projekt ‚Kreatives Schreiben', 5. Tag Präsentation aller Projektergebnisse im Rahmen eines Schulfests, Zimmer 204, 17.00 Uhr. Noch unbekannte Autoren lesen aus ihren Werken). Darüber hinaus bleiben solch kurzfristige, klassenübergreifende Projekte meist ohne Rückwirkung auf die alltägliche Unterrichtssituation. Die Chance zur gemeinsamen Aufarbeitung der Projekterfahrungen fehlt, und so fallen alle Beteiligten allzu rasch in gängige Rollenmuster zurück, um sie im darauffolgenden Schuljahr wieder für einige Tage zu verlassen. Im Gegensatz dazu bietet das klassenhomogene Projekt den Vorzug, Bausteine des Projektlernens immer wieder in den Unterricht zu integrieren. Zugleich lassen sich innerhalb des traditionellen Unterrichts bestimmte Kenntnisse, Fertigkeiten und Fähigkeiten um so einsichtiger vermitteln, je deutlicher ihre Ausrichtung auf Handlungs- und Produktorientierung gemacht werden kann. So kann das aus dem Unterricht entwikkelte Projekt im Idealfalle für alle Beteiligten zum Anwendungslernen wie zum Probehandeln für Gelerntes werden. Mit dem Übergang des Planungsmonopols durch den Lehrer zugunsten eines kooperativen Planungsprozesses hätte sich dann erst zu erweisen, ob Schüler gelernt oder begriffen haben.

Wer die schlichte Schulmeisterfrage stellt: Was bringt Projektunterricht?, kommt an einer nüchternen Bestandsaufnahme der Stärken und Schwächen traditioneller Unterrichtsformen nicht vorbei. Zugleich sind die vermeintlichen Mängel der einen Unterrichtsform noch keine hinreichende Begründung für den Erfolg der anderen. Wenn daher zu Beginn dieses Kapitels die Rede von „curricularen Sicherheiten" war, so muß nochmals genauer nachgefragt werden, worin und für wen diese bestehen. Innerhalb eines vorgegebenen organisatorischen und inhaltlichen Rahmens (Lehrplan, Wochenstundenzahl, Ort und Unterrichtszeit) gestaltet der Lehrer seinen Unterricht. Er entscheidet aufgrund seiner Kompetenz innerhalb dieser Rahmenbedingungen, was, wann, in welcher Arbeitsform mit welcher Art der Ergebnissicherung zu lernen ist. Die Struktur der Einzelstunde wie der Unterrichtseinheit entsteht im wesentlichen am häuslichen Schreibtisch, der Zeitpunkt der Klassenarbeit oder Klausur ist vorausgeplant und in Absprache mit den anderen Fachkollegen fixiert, die Zuordnungen „lehren" und „lernen" sind im wesentlichen fest. Der Lehrer präsentiert das Material, stellt Fragen, problematisiert, erklärt, hält an der Tafel fest, lobt, tadelt, bewertet. Der Vorzug dieses Verfahrens scheint auf der Hand zu liegen: Vermittlung einer bestimmten Stoffmenge innerhalb eines vorgegeben Zeitraums, Verbindlichkeit des Unterrichtsinhalts für alle, Objektivität der Leistungsmessung, Sicherung personaler und sachlicher Autorität, Einhaltung von Lehrplanvorgaben. In ihrer verkürztesten Form lautet die Bilanz eines so strukturierten Unterrichtstages für eine 11. Gymnasialklasse wie folgt: Mittwoch: 1. Std. Bio: „Zellatmung", 2. Std. Gesch: „Florenz und Medici", 3. Std. Mathe: „Betragsfunktion", 4. Std. Frz.: „L'année sportive en France", 5. Std. Mus.: „Brandenburg. Konzerte 4", 6. Std. D: „Fontanes

Gieshübler-Figur" (Tagebucheintrag eines durchschnittlichen Vormittags). Deutet der eine diese Bilanz als Ausdruck von Vielfalt, so beklagt der andere in ihr den Verlust an Ganzheitlichkeit. Was sich mit dem Blick auf den einzelnen Fachunterricht noch als hilfreiches Orientierungsmuster für Lehrer und Schüler erweisen kann, wird aus der Gesamtschau der Summe eher zum diffusen Nebeneinander.

Der Projektgedanke – sei es in Form des Projektunterrichts oder der Projekttage – verläßt die wohlbehütete Stube curricularer Sicherheiten ebenso wie die einengenden Grenzen des Fachunterrichts, ohne damit eine pädagogische Reise ins Blaue anzutreten. Er setzt an bei der Überzeugung, daß die Schüler eigenständige Interessen und Fähigkeiten besitzen, die im Unterricht nicht ausreichend zum Ausdruck kommen. Zugleich räumt er die Möglichkeit ein, Inhalte, Arbeitsmethoden und Arbeitsergebnisse selbst zu organisieren. Im Zentrum dieser Unterrichtssform steht ein gemeinsam erarbeitetes Produkt, nicht die Einzelleistung. Der Beitrag des einzelnen oder der Gruppe richtet sich nicht nach einer von außen gesetzten Norm, bedarf aber der vorherigen Absprache in der Projektgruppe. Darüber hinaus gründet der Projektgedanke in der Überzeugung, daß der traditionelle Unterricht fast ausschließlich kognitive Fähigkeiten vermittelt und diese bewertet. Der Vielfalt individueller Ausdrucks- und Darstellungsmöglichkeiten gibt der Projektgedanke den Vorrang vor leistungsvergleichender Einheitlichkeit. Der Unterrichtsökonomie, maximaler Wissensvermittlung pro Zeiteinheit durch Lehrersteuerung, steht die Projektökonomie gegenüber: maximale Entfaltung eigener Fähigkeiten und Fertigkeiten, dargestellt in einem Gruppenergebnis. Wo sich der Projektgedanke fächerverbindende Problemstellungen zur Aufgabe macht, kann er als Projektunterricht nur dort sinnvoll realisiert werden, wo der einzelne Projektlehrer selbst diese Fächerverbindung abdeckt, es sei denn, die strukturellen und schulorganisatorischen Voraussetzungen schafften endlich die Freiräume, die nötig wären, die bildungspolitischen Lippenbekenntnisse von der Notwendigkeit fächerverbindenden Unterrichts auch in die Schulpraxis umzusetzen.

Wo Planungshoheiten abgegeben und Freiräume geschaffen werden, da bleiben Unsicherheiten und Holzwege nicht aus. Dies um so mehr, je seltener Schülern die Möglichkeit gegeben wird, das zu erproben, was Projektlernen verlangt: Selbständigkeit, Kooperationsfähigkeit, Kreativität und gemeinsames Problemlösen. Wer Projektarbeit aber mit polemischen Überspitzungen wie „Kann denn ein Blinder einen Blinden führen?" denunziert, stellt den im Unterricht vermittelten Einsichten damit ein Armutszeugnis aus. Gelingen und Mißlingen teilt der Projektunterricht mit allen anderen Unterrichtsformen, nur daß er bei letzteren selten öffentlich wird. Nicht um „idealisierende Projektbeschreibungen" geht es darum den Teilnehmern am Wettbewerb des Klett-Verlags, wenn von Freiräumen die Rede ist. Die Zauberworte Motivation und Kooperation stellen sich eben nicht auf Knopfdruck ein, wenn das Projekt am Donnerstagmorgen 8.30 beginnt. Als ein „Wechselspiel von Versuch und Irrtum, von Zufall und Notwendigkeit, Leerlauf und zielgerichteter Arbeit, Eigenwilligkeit und Gruppengeist" sieht

Burkhard Seidler sein Projekt einer 10. Realschulklasse über die „Gestaltung einer Weihnachtsseite für eine Lokalzeitung" (65) und verrät damit zugleich auch einen Prozeß von Auseinandersetzung, der jedem geschlossenen Unterrichtskonzept schon deshalb fehlt, weil der Lehrer schon ganz genau weiß, wo es langgeht. „Warum schreiben Sie nicht gleich das, was auf ihrem Zettel steht, an die Tafel, statt uns immer wieder so lange zu fragen, bis wir das sagen, was auf ihrem Zettel steht" – ist diese Schüleräußerung in einer Hamburger Schülerzeitung eine Karikatur oder Wirklichkeit? Nein, nicht die gespielte Pose des „Mein Name ist Hase, ich weiß von nichts" wird vom Lehrer im Projekt gefordert, sondern die Bereitschaft, an die Stelle des Fertigen den Prozeß des Fertigstellens zu setzen. Daß dieser Prozeß schon weit vor dem eigentlichen Projekt stattfinden kann, dies zeigt ein Projekt über „Sprache und Sexualität. Liebe und Partnerschaft" (16) in einer 10. Hauptschulklasse. Gottfried Eßer nennt als „Grundstein" für seine Projektarbeit einen gemeinsam erstellten Jahresplan, der die Vorgaben des Lehrplans mit den Vorstellungen der Schüler (erfaßt mit den Fragen: (1) Was uns Spaß machen würde? (2) Was uns wichtig wäre? (3) Was nötig wäre?) zu verbinden versucht. So wird das Projekt in einem als Plakat visualisierten Jahresplan verankert, der sich auch als „selbstgewählte(s) und damit selbstverantwortete(s) Programm" versteht.

Schüler nach eigenen Interessen zu fragen setzt bei der Projektarbeit voraus, mehrheitsfähige Bedürfnisse auch zu akzeptieren. Vielfach kostet es gerade für Lehrer viel Disziplin und Anstrengung, sich zurückzunehmen, geschaffene Freiräume auch zu gewähren. Da werden Vorschläge gemacht und wieder verworfen, da steht Schlüssiges neben Chaotischem, da gibt es Uneinigkeiten über das Was und das Wie, da droht gar das Scheitern. Nicht der vorschnelle Eingriff, nicht das ständig besserwisserische So-wird's-gemacht, aber auch nicht das völlige Sich-Raushalten – ihr habt's doch so gewollt – ist nach den Projektbeschreibungen gefragt, sondern die Hilfestellung dessen, der sich selbst als Teil des Projektteams versteht.

Fast könnte man von einem typischen Handlungsmuster der Projektarbeit sprechen, das sich wie folgt darstellt: Da hat jemand eine tolle Idee: „Ich fände es Spitze, wenn . . .". Da gibt es Skeptiker: „Das schaffen wir nie." Da regt sich Tatendrang: „Denen zeigen wir's." Da wird einem plötzlich bewußt: „Das ist ja wahnsinnig viel Arbeit." Da hört man die ersten Stimmen: „Ich kann am Mittwoch nicht nochmal einen Nachmittag opfern." Da stellen sich die ersten Erfolgserlebnisse ein: „Mensch, guckt mal, der Vorspann für unseren Zeichentrickfilm." Da fügt sich allmählich Teilchen zu Teilchen. Da wird es noch einmal hektisch: „Jetzt ist alles fertig, nur die Kulissen fürs Rotkäppchen fehlen noch." Da kommt der Tag der Projektpräsentation, da gibt es keinen 45-Minuten-Takt. Da präsentiert nicht einer den Schülern etwas, da präsentiert sich die Gruppe als Ganzes. Da gibt es Stolz: „Bei der Aufführung hat alles geklappt", „Das illustrierte Buch ist ja klasse geworden", „Kann man euren Videofilm mal ausleihen?" und zum Schluß die Überzeugung: „Es hat unheimlich Spaß gemacht, aber es war sehr anstrengend."

Wer sich auf Projektarbeit einläßt, der verläßt oftmals nicht nur curriculare Sicherheiten, die auch zu Fesseln werden können, er überschreitet vielfach auch die Arbeitszeit, die Schule von Lehrer und Schüler durchschnittlich fordert. Nur so ist es zu verstehen, daß das Projekt angesichts der bestehenden Stoffülle und relativ isolierter Einzeldisziplinen, angesichts der engen schulorganisatorischen Grenzen und angesichts der umfangreichen Deputatsverpflichtungen die Ausnahme bleiben muß. Nichts veranschaulicht das Nebeneinander von Freiraum und Anstrengung besser als die abschließende Projektbewertung (57) von Helga Roß (sie ist mit ihrem Riedlinger Leistungskurs Preisträgerin des Projektwettbewerbs): „Die Durchführung des ganzen Projekts erwies sich im Vergleich zur Planung als wesentlich aufwendiger. Es war so, daß der ‚Appetit beim Essen' kam, die Ideen aus der Arbeit entsprangen und die Begeisterung der Schüler wuchs. Natürlich wollte ich sie nicht bremsen, aber das erforderte meinen ungeteilten Einsatz über Tage, fast Wochen. Darunter litt in erster Linie meine Familie, meine Kinder verbrachten manche Stunde mit in der Bücherei, mein Mann wurde sogar in Aufbau, Beratung und Transport miteinbezogen. In der Woche der Leseabende kam sicher auch mein anderer Unterricht zu kurz. Für mich sind diese Aspekte rückblickend jedoch zweitrangig. Was blieb, ist die bis dahin ungekannte Erfahrung, wie motivierbar Jugendliche sein können, wie sehr sich das Lehrer-Schüler-Verhältnis zum Positiven, Vertrauten, zum Miteinander wenden kann, ohne daß dabei die nötige Autorität und Distanz verlorengeht. Mir hat die Arbeit bei aller Schufterei Spaß gemacht und Gewinn gebracht."

Literatur

Johannes Bastian/Herbert Gudjons (Hrsg.): Das Projektbuch. Reihe: Westermanns Pädagogische Beiträge (WPB) – Buch 5. Bergmann & Helbig, ²1988.

Ludwig Duncker/Karlheinz Goetsch/Enja Riegel/Wolfgang Schulz (Hrsg.): Über die Projektwoche hinaus. Projektlernen im Fachunterricht. Pädagogik 41, 1989, Heft 7/8.

Peter Fauser: Was ist praktisches Lernen? Eine Begriffserklärung. In: Pädagogisches Forum 3/1991, S. 122–131.

Jürgen Fritz: Projektorientiertes Arbeiten, soziales Lernen, ästhetische Erziehung. In: WPB 32, 1980, Heft 3, S. 96 ff. Dort auch weitere Beiträge zum Thema.

Herbert Gudjons: Was ist Projektunterricht? Begriff – Merkmale – Abgrenzungen. In: WPB 36, 1984, Heft 6, S. 260–266. Dort auch weitere Beiträge zum Thema.

Herbert Gudjons/Theresia Benz/Rüdiger Semmerling/Frank Rudzio (Hrsg.): Handlungsorientierter Unterricht. WPB 39, 1987, Heft 5.

Hubert Ivo

Projekt: das Wort für einen ‚besseren' Unterricht
Anmerkungen zu einem Fachdiskurs

Mehr als achtzig Lehrer nehmen sich die Zeit, über ihre Erfahrungen mit einer Form des Unterrichtens zu schreiben, für die das Wort ‚Projekt' steht. Sie antworten auf ein Preisausschreiben ‚Projekte im Deutschunterricht', das die Publikation von Beiträgen in Aussicht stellt. Die Ausschreibung und die Antworten haben ihre Funktion in der Herstellung von Öffentlichkeit. Hervorgelockt durch eine Verlagsaktivität, können Berichte aus der Praxis über die Lebenskreise hinaus, in denen sie sich ereignen, zur Kenntnis genommen werden; Texte über Unterricht, die das Berichten zum wesentlichen Zweck haben.

Sie unterscheiden sich damit von einem Reden und Schreiben über Unterricht, das dartun will, wie Unterricht sein *soll,* das Praxis rechtfertigt bzw. angreift oder das die Praxis mit Anregungen und Materialien in bestimmter Hinsicht unterstützen will. Gewiß, solch normorientiertes Reden und Schreiben über Unterricht hat meist auch Berichtsanteile; es ist aber fast unvermeidlich, daß sie in die Wolle dessen gefärbt sind, wofür sie stehen: die jeweilige Norm, die gesetzt, in Zweifel gezogen oder mit Hilfe von Subsidien praktikabel gemacht werden soll.

Berichte aus der Praxis, die als vorrangiges Ziel haben, darzulegen, wie Unterricht *ist,* sind vergleichsweise selten im öffentlichen Reden und Schreiben über Schule anzutreffen; ein Zustand, der immer auch zu Zweifeln Anlaß gibt: Hin und wieder ist ein Stöhnen zu vernehmen, daß vielleicht die eigene Einschätzung von Schulrealität mehr vorurteils- als realitätsgesättigt sein könnte. Dann wird wieder der Ruf nach empirischer Unterrichtsforschung laut. Aber auch sie, selbst wenn sie in großem Stil betrieben würde, könnte – aus wissenschaftsimmanenten Gründen – nur punktuell als Korrektiv gegenüber Vor-Einschätzungen dienen.

Die Gründe, warum authentische Berichte wie die zum Preisausschreiben eingesandten selten sind, liegen auf der Hand und geraten gerade darum leicht aus dem Blick; denn Unterricht als der je aufgegebene liegt immer vor uns: für den Lehrer, der am nächsten Schultag vor seiner Klasse steht; für den Politiker, der seine künftigen Bedingungen bestimmen will; für die Schulbuchverlage, die ihm als dem morgigen zuarbeiten. Berichte aus der Praxis schreiben heißt aber, den Handlungsfluß zu unterbrechen, um den Blick nicht nach vorn auf die Aufgabe zu richten, die als nächste zu erfüllen ist, sondern zurück auf die ‚erledigte'. Wer über seine eigene Praxis berichtet, übt sich, nach einem schönen Ausdruck von Jean Paul, seine eigene Geschäftigkeit anzuschauen, übt sich in Reflexion.[1]

Warum ist es wichtig, daß eine möglichst große Zahl von Berichten aus der Praxis entsteht, von der (pädagogischen) Öffentlichkeit zur Kenntnis

118

genommen und zum Thema von Erörterungen wird? Aus der Vielzahl der Gründe hebe ich denjenigen hervor, der sich aus der bildungspolitischen Diskussion um Möglichkeiten der Ausweitung von Selbstverwaltung im Schulleben herleitet: ohne eine diskursive Erörterung des Ist-Zustandes von Unterricht werden solche Bemühungen im Gestrüpp vordergründiger Organisationsfragen steckenbleiben und gerade nicht vom Unterricht selbst her bestimmt sein. Dies wiederum hat mit der schlichten Tatsache zu tun, daß der Unterricht in seinem jeweiligen Ablauf, wenn der Lehrer (um hier nur aus seiner Perspektive zu reden) die Klassentür hinter sich geschlossen hat, von ihm und der Klasse bestimmt wird; daß aber die Bedingungen des Unterrichts fast gänzlich, in aller Vorsicht formuliert, anderweitig gesetzt sind. Ein höherer Grad von Selbstverwaltung von Schule (ob unter der reformpädagogischen Leitvokabel ‚pädagogische Autonomie' gefordert oder im schulrechtlichen Sinne auf die Stärkung der Einzelschule im Rechtsgefüge des Schulwesens zielend oder politologisch in der Forderung nach mehr und unmittelbarerer Partizipation gründend) zielt darum notwendig darauf, die Bedingungen des Unterrichts mitzusetzen. Es ist offenkundig, daß dabei der Einschätzung des Ist-Zustandes von Unterricht eine zentrale Bedeutung zukommt; daß die Erörterung von Berichten aus der Praxis die für die Selbstverwaltung nötige Diskursivität sichert, nicht minder.

Alle Autoren der eingesandten Berichte aus der Praxis situieren ihre Projekte explizit oder implizit im Kontext ihres sonstigen Unterrichts. Diese Situierungen enthalten eine Fülle von Einschätzungen des Ist-Zustandes ‚normalen' Unterrichts. Ein Bild, das sich aus diesen Einschätzungen ergibt, werde ich in wenigen Zügen skizzieren. Ich konzentriere mich dabei auf die Informationen, die sich aus dem jeweiligen Gebrauch des Ausdrucks ‚Projekt' ergeben. In einem zweiten Gedankengang werde ich diejenigen Ansätze in den Projektbeschreibungen herausarbeiten, die für einen zukünftigen Fachdiskurs von Bedeutung sind, insofern ein solcher Fachdiskurs Voraussetzung von mehr Selbstverwaltung in der Schule ist.

1 Projektverständnis und Einschätzung von Unterrichtswirklichkeit

Was die Lehrer, die sich an dem Preisausschreiben beteiligt haben, unter einem Projekt verstehen, läßt sich an ihrer Verwendung dieses Ausdrucks ablesen. Unterlegt man der jeweils einzelnen Verwendung übliche Definitionen von Projekt im Diskurs über Unterricht, so werden in dem einen oder anderen Fall Zweifel entstehen, ob denn von Projekt überhaupt gesprochen werden kann. Aber für den Blick auf die Berichte, zu dem ich einlade, ist es nicht von Belang, ob im Sinne einer vorgegebenen Definition z. B. die

---

(1) Jean Paul: Levana oder Erziehungslehre. Werke in zwölf Bänden, hrsg. von Norbert Miller, München/Wien 1975, Band 10, S. 831.

Beschreibung einer längeren Unterrichtssequenz unter eine so oder so geartete Projektdefinition subsumierbar ist oder eher unter den Begriff Unterrichtseinheit fällt, sondern ausschließlich die Tatsache, daß ein Lehrer den Ausdruck in einem solchen Zusammenhang gebraucht. Sorgen, daß mit einem solchen Ansatz die Orientierung verlorengehen könne, weil der Gebrauch des Ausdrucks Projekt ins Beliebige auszuufern drohe, muß man sich nicht machen; die Berichte, insgesamt betrachtet, spiegeln schon die Merkmale, die in den geläufigen Projektdefinitionen aufscheinen.

Von den fünf Merkmalen, die im Gebrauch des Ausdrucks für das Projektverständnis betont werden, ist das erste das wichtigste, weil es von allen Autoren nachdrücklich herausgestellt wird: Projekte sind im Schulalltag etwas Besonderes, Herausgehobenes. Ich nenne dieses Merkmal *Ereignishaftigkeit* des Projekts.

Projekte sind etwas Herausgehobenes: Sie eröffnen einen Freiraum für das Handeln, so daß sich in und mit ihnen verwirklichen läßt, was im ‚normalen‘ Unterricht so nicht möglich ist. Der Lehrplan legt fest und gliedert, was zu lernen ist: die Stundentafeln bestimmen den Anteil der Lehrthemen an der Lernzeit; die Verordnungen über Leistungskontrolle regeln, wie, wie oft und nach welchen formalen Kriterien Lernergebnisse überprüft werden; Versetzungsbestimmungen ordnen die Verfahren, Lernergruppen nach Lernfortschritten im regelmäßigen Turnus zu bilden; in Katalogen von Ordnungsmaßnahmen werden Verhaltensauffälligkeiten und Maßnahmen, ihnen beizukommen, in eine geregelte Abfolge gebracht; Dienst- und Konferenzordnungen regeln die Verhältnisse der Lehrer in einer hierarchisch gegliederten Lehrerschaft untereinander. Nennen wir alles, was da festlegt, gliedert, bestimmt, regelt, ordnet, in eine Abfolge bringt und reguliert, das Curriculum; Projekte, so können wir dann sagen, sind in den Berichten aus der Praxis etwas Besonderes, weil die Autoren von einem extra-curricularen Status der Projekte ausgehen.

Der Freiraum, der sich in der Projektarbeit eröffnet, ist durch eine wesentliche Eigenschaft charakterisiert: die der Planungstranszendenz. Das *Curriculum* bringt den sachlichen Aspekt von Schule zur Geltung; es subsumiert Schüler und Lehrer unter ein Allgemeines (die Lernthemenordnung, die Lernprozeßordnung, die Schulordnung etc.) und schafft so die Voraussetzungen für die Planbarkeit von Schule. *Projekte* verhelfen Schülern und Lehrern als Personen zu ihrem Recht, insofern sie auf das Unvorhergesehene gefaßt sind und es zulassen. In dieser Gegenüberstellung, wie sie uns aus den Projektbeschreibungen entgegentritt, spricht sich ein Werturteil aus, das, logisch gesprochen, auf einer Schlußfolgerung beruht. Der erste Vordersatz gründet in der langen Geschichte europäischen Bildungsdenkens: Wissen bleibt angelerntes Wissen, kann also seine bildende Wirkung (verstanden als Welt- und Handlungsorientierung) nicht gewinnen, wenn es nicht im freien Dialog seinen Platz in der lebendigen Welterfahrung und Sozialbeziehung der lernenden Subjekte findet, wenn es nicht angeeignet wird. Der zweite Vordersatz enthält eine Einschätzung: Unterricht, sofern er unter dem Diktat geplanter Schule praktiziert werden muß, bietet für das

Ereignishafte personaler Aneignung wenig Platz. Also ermöglichen erst Projekte, was Unterricht letztlich ausmacht: daß Wissen und Personen zusammenkommen, Wissen also zu Einsicht wird und Personen zu gebildeten werden. Eine solche Situierung der Projekte im Schulalltag enthält also zum einen eine harsche Kritik an eben diesem Schulalltag, in dem die sachlichen Aspekte in ihrer Geplantheit vorherrschen, und zum anderen die Stilisierung des Projekts zum Ereignis, in dem Schule erst zu ihrem Ziel kommt. Das Wort Projekt steht dann nicht für etwas Partikulares, etwa für eine bestimmte Unterrichtsform neben anderen (Frontal-, Gruppen- und Projektunterricht), sondern für Schule als Utopie. Solche Stilisierung ist in den Berichten verschieden nachdrücklich vorgetragen oder angedeutet, und es werden auch unterschiedliche Aspekte dessen, was sich im Projekt ereignet, herausgestellt.

Das zweite Merkmal, das im Gebrauch des Ausdrucks Projekt betont wird, nenne ich das der *Integrativität*. Es hat damit zu tun, daß die Autoren der Berichte in Projekten eine mögliche Lösung von Problemen sehen, die sich aus der Aufteilung des Lernens in Lernparzellen ergeben und als *Zersplitterung* der Unterrichtsarbeit erfahren werden. Sie werden erfahren in dem Bild vom lernenden Subjekt als einem Ensemble von Adressaten der Unterrichtsfächer, das der Schulorganisation zugrunde zu liegen scheint: dem Körper der Sport, dem Verstand die Mathematik, dem Gemüt die Musik – und wie ein solches Korrespondenzverhältnis ironisch skizziert gedacht werden kann. Sie wird erfahren als ein Problem der inneren Ordnung der Lernthemen innerhalb der Fächer und der Fächer untereinander. Werden die meist impliziten Verweise in den Berichten ausbuchstabiert, so könnten die zweifelnden Fragen lauten: Bildet sich z. B. wirklich ein Verständnis von Sprache, wenn in der Abfolge der Unterrichtsstunden einzelne Aspekte der Sprache nacheinander abgehandelt werden? Müßten die Grenzen der Fächer nicht durchlässiger sein? Schließen sie den Unterricht nicht in Séparées ein, die den Blick auf die Welt und auf das Leben als ganzheitliche Gegebenheiten versperren? Die Zersplitterung wird erfahren als eine soziale, besonders insofern sie Folge des Benotungsdrucks ist, der die Lerngruppe atomisiert und im Lehrer die uralten Träume von der Gemeinschaft der Lehrenden und Lernenden erst gar nicht aufkommen läßt. Sie wird schließlich erfahren als Trennung von Schule und Leben; eine Erfahrung, die alle schon genannten bündelt und auf den – stereotyp gewordenen – Punkt bringt, auf den Projekte eine Antwort sind. Das Merkmal der Integrativität findet von diesem Punkt her seine Zuordnung zum Merkmal der Ereignishaftigkeit.

Worin gründen die Erfahrungen von der Zersplitterung? Drei Problemfelder lassen sich nennen: Die anthropologischen Bedingungen, die dazu zwingen, auch im Lernen und Unterrichten eins nach dem andern zu tun; die institutionellen Voraussetzungen, dieses Nacheinander als einen planbaren Prozeß zu organisieren; und die spezifisch neuzeitlichen Setzungen von Arbeitsteilung, die den Wissenserwerb zu einem autonomen Bereich avancieren ließ, in dem das Fortschreiten im Wissen von jeder Rücksicht auf das, was es in Lebenszusammenhängen bedeuten könnte, befreit ist, und sich eine Erkenntnisform herausbildet, die, wie E. Gellner[2] es nennt, ein großer Nivellierer ist.

Die Autoren der Berichte aus der Praxis situieren ihre Projekte in einem Unterrichtsalltag, der in ihrer Einschätzung grundlegende Probleme der Zersplitterung nicht löst. Ihre Projekte führen zusammen, was nach Bereichen, Ebenen und Rollen getrennt ist. Sie halten sich dabei entweder an eher überschaubare und kontrollierbare Grenzen, oder sie entwerfen in einer Totalen experimentell verstandene Verbindungslinien. Zum Beispiel: Die Erkundung der Wasserversorgung in der eigenen Kommune vor Ort trägt den fünf Sinnen der Lernenden Rechnung; bringt eine ‚Lebensordnung' in heterogenes Wissen, das sonst in den Koordinaten der Fächer verordnet ist; führt Schüler in der Aufgabe zusammen, eine von allen verantwortete Fassung der Berichte und Protokolle des Unternehmens zu formulieren, und verschafft solchen schriftlichen Übungsformen zugleich einen natürlichen, nicht schulartifiziellen Anlaß (73).[3] Demgegenüber ist ein Projekt, das an der Lösung von Problemen der Schule in einem Umfeld sozialer Brennpunkte mitwirken soll, sehr viel umfassender angelegt. Es verbindet in überraschender Weise Leib und Seele, durchbricht aggressive Feindseligkeit und Ängstlichkeit, verkürzt den Abstand zwischen schulfernem Milieu und Bildungstradition, führt künstlerische Erfahrung und sozialwissenschaftliches Fachwissen aufeinander zu, und zwar in einem Konzept, in dessen Mittelpunkt der Gefühlsausdruck steht (69; s. Seite 35 ff.).

Das dritte Merkmal, das im Gebrauch des Ausdrucks Projekt hervorgehoben wird, ist das der *Prozeßhaftigkeit*. Gegenüber der Darstellungssystematik der Sachen, dem Zeittakt der Unterrichtsabfolge mit der Portionierung der Lernthemen und der idealtypischen Parallelisierung der lernenden Subjekte in Lerngruppen eröffnen Projekte die Möglichkeit, der Idee vom Lernen als Prozeß nachdrücklich und differenziert Geltung zu verschaffen. Diese Idee kommt in den Berichten aus der Praxis vor allem unter drei Aspekten in den Blick:

– Als erfahrungsbezogenes Lernen wird der Prozeß wesentlich mitgesteuert von dem, was die lernenden Subjekte von sich in ihn einbringen. Damit erfahren die Lernthemen, jedenfalls phasenweise, eine stark lernerbezogene Modellierung; werden zeitliche Spielräume für solche Modellierung einerseits einklagbar, andererseits nutzbar für produktive Umwege; und werden schließlich Erfolgskriterien deutlich weniger unter Kenntnis- und Fertigkeitsaspekten, sondern mehr personenbezogen bestimmt.

– Als sozialer Prozeß unterläuft er die idealtypische Parallelisierung der lernenden Subjekte und schafft die Möglichkeit des Austauschs von

---

(2) Ernest Gellner: Pflug, Schwert und Buch. Grundlinien der Menschheitsgeschichte, Stuttgart 1990, S. 141.

(3) S. Auflistung aller Preisausschreibenbeiträge auf Seite 129 ff.

Erfahrung; eröffnet auch unter diesem Aspekt die Chancen, hierfür Zeit einzufordern; und macht zugleich die Produktivität von Arbeitsteiligkeit erfahrbar.

– Als Prozeß in der Zeit gewinnt er im Grundsatz, wenn auch mit vielerlei Einschränkungen, seine Struktur nach lernimmanenten Kriterien: ob sich die lernenden Subjekte wirklich geändert haben, ob und wie auch das Scheitern von Lernansätzen hat produktiv werden können, ob und wie sie im Austausch untereinander die Perspektivität von Erfahrungen haben thematisieren können.

Projekte, die das Merkmal der Prozeßhaftigkeit emphatisch, also unter allen drei Aspekten ins Spiel bringen, sind solche, die in ihren Themen die ethische Seite von Erkenntnissen und Erfahrungen betonen: über Sexualität sprechen (16; s. Seite 9 ff.), sich mit verbreiteten (möglicherweise eigenen) Vorurteilen gegenüber sozialen Randgruppen, Ausländern, Fremdartigem auseinandersetzen (41), überprüfen, was Deutsche von Deutschen lernen können (62). Die Berichte aus der Praxis machen freilich auch deutlich, wie prekär solche Unternehmungen sein können: Welche sozialen Dynamiken werden damit freigesetzt? Wie wird die Spannung zwischen solchen Dynamiken und sozialen Normen ausgehalten und bearbeitet? Wie kann gesichert werden, daß ein solcher Prozeß nicht aus dem Ruder läuft? Als Antworten auf diese freilich implizit bleibenden Fragen dokumentieren die Berichte – so ist wohl zu interpretieren – einen vorsichtigen Kurs: die Äußerung von realen Erfahrungen und Einstellungen im Unterricht, durch die Projekte angeregt und insofern erwünscht, darf im Unterricht nur so viel Raum einnehmen, daß ein Eindruck (in der Außensicht), es ginge dabei um die Induktion von Zweifeln an allseits gebilligten Normvorstellungen, nicht aufkommen kann.

Für das vierte Merkmal, das im Gebrauch des Ausdrucks Projekt herausgestellt wird, ist ein bündelnder Ausdruck nicht zur Hand, so daß eine umschreibende Annäherung zur Kennzeichnung versucht werden muß. Eine Differenz zum üblichen Unterricht wird dadurch bestimmt, daß Projekte den Lernprozeß, das Lernergebnis oder beides in spezifischer Weise festhalten. Die Gründe für solches Fixieren sind unterschiedlich. Unterstellt wird die motivierende Kraft, an der Herstellung eines Produktes, das man vorweisen kann, mitzuwirken, wenn z. B. ein Videofilm hergestellt wird zur Persiflage des Denver-Clan-Musters (43; s. Seite 31 ff.); wenn die Rotkäppchen-Geschichte fünf neue Fassungen erhält (72; s. Seite 47 ff.) oder wenn Sagenhaftes und Historisches über Leipzig gesammelt und ausgestellt wird (55). Dies scheint sich aufgrund der Situierung der Projekte in einem Unterricht von selbst zu verstehen, der als Unterricht mit dem Flatus vocis gemein hat, in seinem Vollzug auch schon vorüber zu sein.

Die Fixierung dient aber auch der Steuerung des Lernprozesses selbst, wenn z. B. – um nur die auffälligsten Beispiele zu nennen – in Schreibwerkstätten Texte entworfen, besprochen und überarbeitet werden oder wenn in literarischen Projekten Einstellungen zu Texten und Urteile über sie zu Beginn der Arbeit festgehalten und in späteren Phasen wieder aufgegriffen werden. Die

Logik dieser Begründung führt auf den Punkt, von dem her die Fixierung von Lernprozessen und Lernergebnissen ihren entscheidenden Sinn erhält: die Möglichkeiten von Schriftlichkeit zur Objektivierung zu nutzen, um sich zum eigenen Lernen, zu den Lernwegen und zu den Lernergebnissen in ein reflexives Verhältnis setzen zu können.

Die Differenz zum üblichen Unterricht besteht also darin, die Möglichkeiten von Mündlichkeit und Schriftlichkeit anders als gewohnt zu nutzen: scheint das Fixieren im geläufigen Unterricht vor allem der Bereitstellung von Beurteilungsunterlagen (‚Klassenarbeiten'/‚Schulaufgaben') und noch zur Unterstützung des Gedächtnisses zu dienen, so nutzen die Projekte das Schriftlichkeitspotential erst wirklich aus, indem sie das Fixierte zum Gegenstand der Reflexion machen. Man kann darum das herausgestellte Merkmal im Gebrauch des Ausdrucks Projekt mit Hilfe der Begriffe *Schriftlichkeit/Reflexivität* kennzeichnen.

Auch das letzte Merkmal, das im Gebrauch des Ausdrucks Projekt wichtig ist, hat mit der Fixierung von Prozessen und Ergebnissen zu tun; nur wird das Fixierte zur Selbstdarstellung von Schule in verschiedenen Bereichen von Öffentlichkeit genutzt; wir können vom Merkmal der *Repräsentativität* der Projekte sprechen. So spielt denn in vielen Berichten aus der Praxis die Resonanz der vorgestellten Projekte eine nicht unwesentliche Rolle: die Resonanz in den verschiedenen Formen von Schulöffentlichkeit, aber nicht minder auch die, die sie vor allem in der lokalen und regionalen Presse gefunden haben. Zwei Aspekte der Repräsentativität sind besonders zu nennen: die Möglichkeit, mit einem Projekt den Schonraum Schule zu durchbrechen, also ein wenig Ernstfall-Pädagogik zu betreiben; zum anderen aber die Arbeit der Schule ‚auszustellen' und somit dem öffentlichen Diskurs über Schule einen authentischen Bezugspunkt anzubieten.

2 Utopisches und Realisationsbedingungen

Gemeinsam ist den Berichten aus der Praxis, daß sie in der Projektarbeit eine Chance sehen, etwas von dem zu verwirklichen, das Lehren und Lernen im Zusammenspiel der Generationen ausmachen könnte und sollte; das aber unter den gegebenen als den gesetzten Bedingungen nur als Ausnahme von der Regel möglich ist. Die Situierung der Projekte ist eine von Festtagen in einem Kalender des Alltags.

Die gegebenen als die gesetzten Bedingungen verhindern oder erschweren in dieser Sicht, daß die Ausnahme, die ja im didaktischen Traum die Regel sein sollte, auch tatsächlich zum steuernden Prinzip des Alltags wird. Es stellt sich somit die Frage, in welcher Weise die gegebenen Bedingungen in den Berichten aus der Praxis zu Wort kommen.

Sie kommen zu Wort, insofern sie im *Handlungs*horizont als sperrig erfahren werden, nicht aber als konstitutive Merkmale von Schule als *Institution*. Das ist schon aus darstellungsökonomischen Gründen nicht verwunderlich, da die Ausschreibung des Preises einen Umfang von nur zehn Seiten für die Einsendungen vorgesehen hat. Es gibt aber Hinweise dafür, das Vorherrschen der handlungsorientierten Darstellung noch anders zu deuten. Der wichtigste: es lassen sich keine Anmerkungen ausmachen, in denen dieser andere Blick auf Schule, eben auf Schule als Institution, notiert oder andeutungsweise kommentiert wird. Dies spricht für ein Selbstverständnis der Autorinnen und Autoren, nach dem eine solche Thematisierung der gesetzten Bedingungen des Lehrens und Lernens in der Schule nicht oder nicht vorrangig, jedenfalls nicht originäre Angelegenheit des eigenen didaktischen Diskurses ist. Entscheidungen über Schulformen, Lehrpläne und Abschlüsse, über Standorte, Gebäude und Ausstattung, über Lehramtsstudiengänge, Schulaufsicht und Schulordnungen werden ja auch tatsächlich anderen Orts getroffen: in Parlamenten, Regierungen und Verwaltungen. Die Berichte aus der Praxis legen also nahe – wozu man auch durch eine Analyse der Institutionalisierungsgeschichte der öffentlichen Schule in Deutschland geführt wird[4] –, von mehreren eigenständigen, gegeneinander relativ abgeschotteten Schuldiskursen auszugehen: zunächst also von einem, der das unterrichtliche Handeln, und einem anderen, der das Setzen von Bedingungen für dieses Handeln zum zentralen Thema hat. (Nimmt man die Veröffentlichung zum Auswahlkriterium, so ist noch von einem dritten Schuldiskurs auszugehen, der Schule wissenschaftlich zum Thema macht.)

Eine solche Differenzierung der Schuldiskurse scheint funktionsgerecht und ist es wohl auch. Bedenklich bleibt freilich, daß einerseits der Ausdruck Projekt in den Berichten dafür steht, wie Lehren und Lernen im Zusammenspiel der Generationen gut und angemessen sein könnte und sollte, und daß andererseits die gesetzten Bedingungen des unterrichtlichen Handelns im Reden über die Projekte eher eine einschränkende und hemmende Rolle spielen; denn solches Reden weist auf ein gestörtes Verhältnis zwischen den beiden Schuldiskursen hin. In den Projektberichten drückt sich somit ein Problem aus, das vor allem als Problem verwalteter Schule diskutiert worden ist und u. a. in Konzepten von der Eigenständigkeit der Einzelschule eine Lösungsrichtung gefunden hat.

Grundsätzlicher betrachtet, ist das Aufkommen solcher Störungen zwischen den Schuldiskursen in gewisser Hinsicht unvermeidlich. Sie werden verständlich, wenn wir mit Ernest Gellner den neuzeitlichen Nationalismus als „Organisation menschlicher Gruppen in großen, zentral ausgebildeten, kulturell homogenen Einheiten" betrachten, dessen Wurzeln tief in die „charakteristischen strukturellen Anforderungen der Industriegesellschaft reichen".[5]

---

(4) Hans-Ulrich Wehler: Deutsche Gesellschaftsgeschichte. Band 1 (1700–1815); Band 2 (1815–1845/49); besonders die Kapitel ‚Soziopolitische Strukturbedingungen und Entwicklungsprozesse der Kultur‘, München 1987 f.
(5) Ernest Gellner: Nationalismus und Moderne, Berlin 1991, S. 57.

Hoch entwickelte Technologie und die Erwartung anhaltenden Wachstums erfordern eine „mobile Arbeitsteilung" und „eine ständige, häufige und präzise Kommunikation zwischen Fremden".[6] Der Erwerb entsprechender kultureller Fähigkeiten verleiht dem neuzeitlichen Menschen das Bewußtsein seiner „Nützlichkeit und Würde und Selbstachtung".[7] Folglich ist die Ausgestaltung eines zentralen Erziehungssystems die herausragende Aufgabe des modernen Staates. „Das Erziehungsmonopol ist heute weitaus wichtiger und zentraler als das Monopol auf die legitime Macht."[8] Denn das „Niveau der Schriftkunde und der technischen Kompetenz", das zu vermitteln ist, ist so hoch, daß „es von Verwandtschafts- und lokalen Einheiten gar nicht vermittelt werden kann".[9] Hierzu bedarf es einer größeren Einheit, die Nation genannt wird, die ihrerseits nur zustandekommen kann, wenn sie zur Ausgestaltung eines „nationalen" Erziehungssystems nach Art einer Pyramide in der Lage ist: „An der Basis liegen die Grundschulen mit Lehrern, die an höheren Schulen ausgebildet wurden; diese sind mit Lehrern besetzt, die an Universitäten ausgebildet wurden, die ihrerseits von den Produkten der Eliteschulen geführt werden. Eine solche Pyramide bildet das Kriterium für die Mindestgröße einer lebensfähigen politischen Einheit."[10]

Für verschiedene Phasen der Entwicklung eines „nationalen Erziehungssystems" ist von unterschiedlichen Verhältnissen zwischen den handlungsbezogenen didaktischen, den bedingungssetzenden und den wissenschaftlichen Schuldiskursen auszugehen. In Phasen der Etablierung und Ausgestaltung werden alle drei um zwei Pole gruppiert sein: um den der Bewahrung soziokultureller Muster vorindustrieller Prägung oder um den der „Modernisierung".[11] Die Grenzen des Verständnisses werden also nicht von Grenzen der Schuldiskurse bestimmt, sondern von den Positionen, die in ihnen eingenommen werden. In späteren Phasen, solchen des Etabliertseins und tendenzieller Saturiertheit, haben sich die einzelnen Schuldiskurse zu funktional verfeinerten elaboriert und damit voneinander entfernt: die Signifikanten sind weithin identisch, haben aber längst unterschiedliche oder unterschiedlich akzentuierte Signifikate gefunden.[12] Solchen Störungen aber ist mit zentralen Verwaltungsentscheidungen nicht beizukommen; ihnen ist überhaupt nicht im Sinne zentralistischer Dirigismen beizukommen, so sehr kommunikationstechnische Errungenschaften dies auch zu suggerieren scheinen. Lösungen sind eher von Versuchen zu erwarten,

---

(6) (Anm. 5), S. 55.

(7) (Anm. 5), S. 56.

(8) (Anm. 5), S. 57.

(9) (Anm. 5), S. 56.

(10) (Anm. 5), S. 56.

(11) Siehe Anm. 4.

(12) Hubert Ivo: Das Wissen der Deutschlehrer, das Wissen der Deutschdidaktiker und das Wissen der Bildungspolitiker. In: Georg Stötzel (Hrsg.): Germanistik – Forschungsstand und Perspektiven, Band 1, Berlin/New York 1985, S. 615–632.

zwischen den Schuldiskursen selbst wieder Diskursmöglichkeiten zu schaffen. Beteiligungskonzepte für die Einzelschulen am Schuldiskurs über das Setzen von Handlungsbedingungen werden unter den hier angedeuteten Voraussetzungen intelligente Konzepte erst dann, wenn sie nicht dieses oder jenes Mitwirkungsrecht aufpicken und es im übrigen bei den gegebenen Verhältnissen belassen, sondern wenn sie den *Prozeß* zu initiieren und zu sichern vermögen, die Diskurssprachen übersetzen zu lernen und aus der Übersetzungsarbeit die Anhalte für Handlungskonzepte zu gewinnen.[13]

Die Berichte aus der Praxis geben für einen solchen Übersetzungsdiskurs wichtige Hinweise. Sie zielen alle auf einen Punkt, nämlich die gegebenen als die gesetzten Bedingungen unterrichtlichen Handelns nicht einfach nur als reale und insofern unvermeidliche zu nehmen und hinzunehmen, sondern sie in ihrer Sinnhaftigkeit zu rekonstruieren.

Die Formulierung „Handlungsbedingungen in ihrer Sinnhaftigkeit zu rekonstruieren" hebt an Schule das Moment des *Institutionellen* hervor, das selbst wiederum als Antwort auf historische Erfahrungen, Aufgaben und Probleme verstanden wird, und zwar so, daß die Regelungen der Handlungsbedingungen nur die Problemlösungen in konzentrierter Form, handlungsbezogen auf den Punkt gebracht, enthalten und somit von der Mühe erneuter Problemdefinition, erneuter Lösungssuche und erneuter Entscheidung *entlasten*. Rekonstruktion meint also nichts anderes als strukturgeschichtliche Analyse der institutionellen Regelungen mit dem Ziel, erinnernd die abhanden gekommene Gemeinsamkeit der Signifikate zwischen den verschiedenen Schuldiskursen wieder zu entdecken. Im Medium solch erinnernd Wiederentdeckten können nun auch die Störungen zwischen den Schuldiskursen angemessen erörtert werden: die Folienrolle der Verweise auf die gesetzten Bedingungen in den handlungsbezogenen didaktischen Diskursen, die das Entlastende der Institution nicht thematisiert; der politische, administrative oder juristische Blick auf die Institution Schule im bedingungssetzenden Schuldiskurs, für den das Problemfeld, von dem die Institution entlastet, nur in der Form vagabundierender Signifikanten präsent ist.

Damit sind die Voraussetzungen geschaffen, die implizite und explizite Kritik an der Unterrichtswirklichkeit, die in den Projektbeschreibungen enthalten ist, nicht nur für die Konzeption und Umsetzung von Projekten produktiv werden zu lassen, sondern auch für die Frage nach den Möglichkeiten einer produktiven Veränderung der gegebenen als den gesetzten Bedingungen unterrichtlichen Handelns.

Die Berichte aus der Praxis geben die Themen an, die für eine Veränderung der Bedingungen aus Lehrersicht vordringlich sind. Insofern lassen sie sich

---

(13) Einen Versuch, einen solchen Prozeß zwischen Schülern, Lehrern, Schulverwaltungsbeamten und Wissenschaftlern für ein einzelnes Schulthema zu initiieren, habe ich im Kapitel ‚Zwei wissenschaftsdidaktische Seminare' beschrieben. In: Hubert Ivo: Lehrer korrigieren Aufsätze, Frankfurt a. M. 1982.

als Kataloge versäumter Reformen lesen. Sie zeigen aber auch die Dringlichkeit, über das Verhältnis generalisierender Regelungen zur jeweiligen Besonderheit der pädagogisch-didaktischen Situation neu nachzudenken. Die herausragende Bedeutung des Merkmals *Ereignishaftigkeit* zeigt an, daß das jeweils Besondere nicht als Subsumptionsfall eines Allgemeinen aufgefaßt werden darf, sondern als eine Größe eigenen Rechts in einem allgemein geregelten gesellschaftlichen Umfeld zu denken ist. Somit müssen auch die Handlungsbedingungen so sein, daß der „Störfaktor: Individuum"[14] im generellen Bedingungsgefüge der Handlungssituation zu seinem Recht kommen kann. Hierzu bedarf es der verantworteten Mitwirkung der Institutionen *vor Ort* an der Setzung der Bedingungen und der geregelten Kommunikation der Institutionen vor Ort *untereinander*, für die ein ‚Dienstweg' bislang gar nicht vorgesehen ist.

---

(14) Peter Heintel: Modellbildung in der Fachdidaktik. Eine philosophisch-wissenschafts-theoretische Untersuchung, Klagenfurt 1978, S. 73 ff.

Anhang: Einsendungen zum ,Stuttgarter Preis 1990'

(1) Anneliese Bammesberger, Gymnasium (Kl. 5/6), Eichstätt: Erlebte Literatur

(2) Vinzenz M. Becher, Städtisches Gymnasium (LK 13), Bad Laasphe: Vom Reiseführer zum Reisetagebuch

(3) Barbara Beisiegel, Grund- und Hauptschule (Kl. 6), Mainz-Mombach: Rauchen (Theaterstück)

(4) Herbert Beutel, Hölderlin-Gymnasium (Kl. 5), Lauffen: Ver-Führung zum Lesen

(5) Elfriede Beyer, Andreae-Gymnasium (Kl. 6), Herrenberg: Mehr Spaß ins Poesiealbum

(6) Reinhard Bockhofer, Pestalozzischule II – Gesamtschule (Kl. 9), Bremerhaven: Überprüfung des Wahrheitsgehalts des stern-Berichts

(7) Rainer Bodirsky, Sonderschule, Bremen: Vom Holz zum Kassettenregal

(8) Gerhard Bothe, Schulzentrum Aspe – Gymnasium (Kl. 7–9), Bad Salzuflen: Robinson: Ein Buch – viele Bücher

(9) Helga Brinkmann, Grund- und Hauptschule Manzenberg (Kl. 7), Tettnang: Erlebnis und Erfahrungen im Schullandheim – Auswirkungen auf den Deutschunterricht

(10) Hermann J. Brüggemann, Günter Schulz, Friedrich-Copei-Hauptschule (Kl. 9/10), Schlangen: Schülergedichte

(11) Marlies Buchholz, Grundschule (Kl. 3), Bergstedt: Der Drache, der sich verwandelt

(12) Ulrike Buchner, Prof. Jörg Ehni, Theresia-Gerhardinger-Realschule Klösterle (Kl. 7), Ravensburg: Der Bär auf dem Försterball

(13) Dieter Burkert, Goethe-Gymnasium (Kl. 10–13), Dortmund: Kreatives Schreiben

(14) Hermann Dillmann, Fachoberschule der Technischen Schule (Kl. 12), Ibbenbüren: Über den Umgang mit Maschinen

(15) Gottfried Elsas, Jacob-Grimm-Gymnasium (LK 12), Kassel: Böll: Ansichten eines Clowns

(16) Gottfried Eßer, Von-Ketteler-Hauptschule (Kl. 10), Krefeld: Sprache & Sexualität, Liebe und Partnerschaft

(17) Ingrid Euchler, Hanno-Günther-Oberschule (Kl. 4), O-Waldheim: Märchen rund um die Welt

(18) Volker Fabricius, Gutenberg-Gymnasium (Kl. 13), Wiesbaden: Realmärchen

(19) Friedemann Fegert, Dieter Hartmann, Carl-Engler-Schule/Technisches Gymnasium (Kl. 12), Karlsruhe: Trickfilme

(20) Sissi Flegel, Hauptschule (Kl. 6), Oberlenningen: Phantasie und Poesie

(21) Hanna Fritz, Gymnasium (Kl. 7), Bad Gandersheim: Es sprach der Baum . . .

(22) Franz-Josef Frohn, Inda-Gymnasium (Kl. 8), Aachen: a) Tagebuch einer Geisel; b) Operation Wüstensturm (Roman); c) Hörspiel: Gewalt im Stadion; d) Agatha Christie: Mord im Orientexpreß (Drehbuch); e) Der

Golfkrieg (ein Stammtischgespräch); f) die Einhornjäger (Science-fiktion-Erzählung)

(23) Stephan Gora, Heinrich-Heine-Gymnasium (Kl. 6), Ostfildern 2: Krabat
(24) Egon Gramer, Eugen-Bolz-Gymnasium (Kl. 7–9), Rottenburg: Alt und Jung in unserer Gesellschaft
(25) Helga Grimm, Grundschule Peterzell (Kl. 1), Alpirsbach: Das kleine Mädchen mit den Schwefelhölzchen – Ein Spiel mit Licht und Schatten
(26) Bärbel Günther, Polytechnische Oberschule (Kl. 6 + 8), O-Harzgerode: Szenisches Darstellen im Literaturunterricht
(27) Armin Heldt, Ludwigs-Gymnasium (Unterrichtseinheit wurde in Kl. 11 des Maximilians-Gymnasiums durchgeführt), München: Christa Wolf: Der geteilte Himmel
(28) Esther Heldt, Hauptschule (Kl. 5), München: Kreativer Umgang mit Gedichten
(29) Friedrich Hinze, Kamenzer Lessing-Gymnasium (Kl. 5–10), O-Hoyerswerda: Sprachfest
(30) Ingrid Hinze, Grund- und Hauptschule (Kl. 2), O-Harzgerode: Wortbilder (Visuelle Poesie)
(31) Gerda Iselt, Polytechnische Oberschule (Kl. 8), O-Lübben: Schüler schreiben für Schüler
(32) Brigitte Judt, Werner Jüngst, Städtische Gesamtschule Eiserfeld (Kl. 6), Siegen: Die Sage von Dädalos und Ikaros
(33) Axel Kahrs, Gymnasium (Arbeitsgruppe aus Schüler/innen der Kl. 8, 9, 10, 13), Lüchow: Primanerlyrik
(34) Brigitte Keuchel, Erweiterte Oberschule ‚Fréderic Joliot-Curie‘ (Kl. 11), O-Neubrandenburg: Schriftsteller Fritz Reuter
(35) Dieter Kipp, Lichtenberg-Gymnasium (Kl. 11), Darmstadt: Voltaire: Candid
(36) Martin Knipper, Hermann-Billung-Gymnasium (Kl. 7/8 – AG), Celle: AG Jugendliteratur: Die Clique
(37) Christoph Kößler, Gabelsberger-Gymnasium (Kl. 8), Mainburg: Die wesentlichen Schritte zur Erarbeitung und Aufnahme eines selbstverfaßten Hörspiels
(38) Monika Kranich, Bundesoberstufen-Realgymnasium (Kl. 10), A-Neumarkt: B. A. T. T. L. E. – Ein Musical
(39) Brigitte Krug, Realschule (Kl. 8), Herbrechtingen: Keine Angst vor Lyrik
(40) M. Kruspe, Polytechnische Oberschule (Kl. 6), O-Gotha: Umweltschutzprojekt im Deutschunterricht: Das Element Wasser
(41) Eva Langloh, Realschule (Kl. 10), Henstedt-Ulzburg: Ausländerfeindlichkeit
(42) Danusa Lisková, Hochschule für Ökonomie, CSFR-Bratislava: Kartenspiel
(43) Brigitte Lorenz, St.-Ursula-Gymnasium (Kl. 10), Geisenheim: Videofilm ‚Denver Clan‘
(44) Klaus Menzer, Gymnasium Thomaeum (Kl. 6), Kempen: Märchenbuch
(45) Ingeborg Mühlenbroich, Städtisches Gymnasium Odenkirchen (Kl. 5), Mönchengladbach: Blättergedichte

(46) Bettina Münchmayer, Hermann-Ehlers-Gymnasium (Kl. 11), Berlin-Steglitz: Spurensuche in Berlin und Steglitz
(47) Heribert Ohlig, Carl-Ulrich-Gesamtschule (Kl. 8), Darmstadt: Lesebuch für Grundschulkinder (Lesekiste)
(48) Klaus Ottich, Viktoria-Luise-Gymnasium (Kl. 10/11), Hameln: a) Thema („Als Gregor Samsa eines Morgens aus unruhigen Träumen erwachte, fand er sich in ein ungeheures Ungeziefer verwandelt") mit sechs Variationen; b) ‚Klassenzeitschrift'; c) Homo-Faber-Text
(49) Elena Pedrelli, Scuola Media Statale ‚Il Guernico'/Mittelschule (Kl. 2), I-Bologna: Bildergeschichte ‚Pech'
(50) Inge Pfeufer, Landesbildungs- und Beratungszentrum für Hörgeschädigte (Kl. 4), O-Halberstadt: Von der Quelle zum Meer
(51) Geert Platner, Offene Schule Waldau/Gesamtschule (Kl. 5), Kassel: Freizeit und Medien
(52) Susanne Randerath, Hauptschule Aretzstraße (Kl. 8), Aachen: Kreatives Schreiben im Deutschunterricht
(53) Peter Reichartz, Deutsche Schule/Gymnasium (LK 12), I–Rom: Spurensuche: Thomas Mann in Italien
(54) Brigitta Richter, Grundschule (Kl. 2), O-Leipzig: Wir allesamt
(55) P. Rieger, 56. Polytechnische Oberschule ‚A. Nagel' (Kl. 6), O-Leipzig: Sagenhaftes und Historisches über Leipzig
(56) Christine Rödel, August-Bebel-Oberschule (Kl. 9), O-Zwickau: Gestaltung einer Zeitung
(57) Helga Roß, Kreisgymnasium (LK 13), Riedlingen: Literatur zum Anfassen
(58) Gerd Rothfuchs, Glantalschule/Hauptschule (Kl. 9), Glan-Münchweiler: Wohnen im Jahre 2030
(59) Cornelia Schade, Polytechnische Oberschule ‚Walter Nicolai' (Kl. 8), O-Wittenberg: Ich, wir und die anderen – Literatur selbst erlebt
(60) Walter Schmid, Realschule (Kl. 10), Spaichingen: Alte Menschen
(61) Christoph Schmidt, Hauptschule, Überherrn: Hauptschulprojekte
(62) Sunnihild Schmidt, Volkshochschule (Kl. 11), O-Schmalkalden: Was Deutsche von Deutschen lernen können
(63) C. Schubert, Oberschule (Kl. 9), O-Milow: Umweltbewußtes Verhalten
(64) Fridolin Schuhmann, Realschule (Kl. 6), Baden-Baden: Geheimnisvolle Flurnamen. Neue Sagen aus Baden-Baden
(65) Burkhard Seidler, Kooperative Gesamtschule/Realschule (Kl. 10), Adelby: Eine Weihnachts-Geschichte
(66) Günter Sternal, Karl-Rehbein-Gymnasium (Kl. 7), Hanau: Buchschreiben
(67) Iris Teuber-Johow, Lutherschule/Hauptschule (Kl. 7), Bielefeld: Hexen
(68) Renate Thiel, Gesamtschule Bockmühle (Kl. 5–8; ‚Schreibwerkstatt')
(69) Mechthild Thülig, Eva Schibel-Hilgemeier, Senta Bonneval, Schulzentrum Walle, Abt. Gymnasium (Kl. 11), Bremen: Gefühlsausdruck in Wort, Ton und Körpersprache
(70) Joachim Trageser, Gymnasium Sobernheim (LK 11), Sobernheim: Der Literatur auf der Spur

(71) Andrea Trenks, Theodor-Neubauer-Polytechnische Oberschule (Kl. 7), O-Tabarz: Gestaltung meines Lebens
(72) Hella Völker, Laborschule an der Uni Bielefeld (Kl. 6), Bielefeld: 5 x Rotkäppchen
(73) Marion Wandtke, Bruno-H.-Bürgel-Polytechnische Oberschule (Kl. 10), O-Schönebeck: Umweltprobleme der Stadt Schönebeck
(74) Andreas Weber, Joachim Baudisch, Eichenschule/Gymnasium (Aufhebung der Klassenverbände während der Projektwochen), Scheeßel: Hitchcock-filme als Schreibanlässe
(75) Dieter Weiland, Königin-Charlotte-Gymnasium (LK 12), Stuttgart: Frauen-gestalten in der Literatur seit der Französischen Revolution
(76) Dieter Weiland, Georg-Christoph-Lichtenberg-Gesamtschule (Gymna-sium; GK 11), Göttingen: Der Tropfenpurzelbaum – ein Buchprojekt
(77) Gerhard Weisgerber, Gymnasium Isny (Kl. 12), Isny: a) Grammatik-Auf-satz; b) Veröffentlichungen in den Katechetischen Blättern
(78) Gabriele Winter, Kurt-Schumacher-Gesamtschule (Kl. 8), Karben: 33 Bil-der, 33 Geschichten
(79) Christine Wischmeier, Josefschule/Grundschule (Kl. 2), Bielefeld: Mäuse – Tillie und die Mauer
(80) Michael Zimmer, Gymnasium am Rotenbühl (Kl. 12), Saarbrücken: Italien im Spiegel der deutschen Literatur zwischen 1770 und 1918
(81) Hans Zipperer, Gymnasium bei St. Michael (LK 12–13), Schwäbisch Hall: Freie Rede

Die Bezeichnungen der Schulen in den neuen Bundesländern repräsentieren den zum Zeitpunkt der Einsendung gültigen Stand.